Günter Harnisch

Kraft aus wilden Wurzeln

HERDER spektrum

Band 6095

Das Buch

Zivilisation raubt uns Kraft. Durch zivilisatorische Einschränkungen wird unsere Grundvitaliät bisweilen heftig beschädigt. Konventionen und Zwänge haben den Menschen seine „Wildheit“ vergessen lassen. Er träumt nur noch von seiner ursprünglichen Kraft und Vitalität, statt sie zu leben. Doch viele der selbstgeschaffenen Einschränkungen sind unnötig und können überwunden werden. Der Autor zeigt, wie sich die eigenen wilden Wurzeln wieder entdecken lassen. Er weist Wege, die Urvitalität frei strömen zu lassen, ohne auf eine primitive Zivilisationsstufe zurückzusinken. Wildheit lässt sich auch heute leben – voll und ganz in Einklang mit der Zivilisation.

Der Autor

Dr. Günter Harnisch ist erfahrener Traumforscher, Traumtherapeut und langjähriger Leiter des *Arbeitskreises: gesund leben*. Er hat mehr als 30 Bücher über Träume, Gesundheit und spirituelle Lebensführung veröffentlicht, von denen etliche in mehrere Sprachen übersetzt wurden.

Günter Harnisch

Kraft aus wilden Wurzeln

Zu den tieferen Quellen
unserer Vitalität und Lebensfreude

HERDER

FREIBURG · BASEL · WIEN

www.herder.de

Umschlaggestaltung und Konzeption:
Agentur RME: Eschlbeck / Hanel / Gober
Umschlagfoto: © Getty Images

Satz: Dtp-Satzservice Peter Huber, Freiburg
Herstellung: fgb · freiburger graphische betriebe
www.fgb.de

Gedruckt auf umweltfreundlichem, chlorfrei gebleichtem Papier
Printed in Germany

ISBN 978-3-451-06095-3

Inhalt

Ohne Wildheit ist alles nichts

Wir brauchen unsere Wildheit lebensnotwendig. Doch sie ist uns abhanden gekommen. Um sie zurück zu erlangen, müssen wir nicht erst wieder auf die Bäume klettern, wo unsere Urahnen einstmals wohnten. Wir müssen auch nicht gleich die gesamte Zivilisation über Bord werfen. Unsere Wildheit wiederfinden bedeutet: den verschütteten Zugang zu unserer Vitalität und Lebensfreude neu öffnen. Dafür geeignete Wege aufzuzeigen, ist das Anliegen dieses Buchs.

Die Menschen der westlichen Zivilisation sind ein Volk von Hinfälligen geworden. Wenn man der Statistik glauben darf, gibt es allein in unserem Land acht Millionen Diabetiker, acht Millionen Migräniker, fünf Millionen Arthrose-Kranke, sieben Millionen Osteoporose-Patienten, vier Millionen an Asthma Leidende und ebenso viele Bluthochdruckkranke. Das sind nur einige der Schreckenszahlen. Wenn sie stimmen, ist rund jeder Dritte bei uns von einer typischen Zivilisationserkrankung betroffen.

Was besonders auffällt: Mit dem Eintritt in die westliche Spätkultur haben wir nicht nur unsere ursprüngliche Wildheit, sondern zugleich den Zugang zu den Wurzeln unserer Vitalität verloren. Obwohl sich das statistisch erreichbare Lebensalter ständig erhöht, leiden die Menschen der westlichen Zivilisation unter chronischer Kraftlosigkeit. Die Wurzeln ihrer Lebenskraft scheinen ihnen abgeschnitten zu sein. So welken sie vor sich hin.

Das Buch spürt den Ursachen für die große Müdigkeit nach und es zeigt eine Reihe unterschiedlicher Wege auf, wie sich der Kontakt zu der noch immer tief in uns vorhandenen Wildheit wieder herstellen lässt. Dabei geht es auch – aber längst nicht nur – um Fragen der äußeren Lebensführung. Anhand innerer Leitbilder aus alten und modernen Mythen entwickelt der Autor Modelle, die helfen, den blockierten Zugang zu unserer ursprünglichen Wildheit wieder zu öffnen. Beispiele großer Wilder aus Film und Weltliteratur zeigen, wie Menschen ihre wilde Kraft nutzen, um ihr Leben voll zu entfalten und ein Höchstmaß an Lebensfreude, Vitalität und Kreativität zu gewinnen.

Die Suche nach unseren wilden Wurzeln führt zu Antworten, aber auch zu neuen Fragen: Warum brauchen die Menschen Rituale, Bilder, Träume und Visionen, um sich in ihrem Leben zu orientieren? Was erleben sie unterwegs auf der Suche nach ihrem „inneren Meister"? Welche Rolle spielt Wildheit im Zusammenhang mit Kreativität? Welchen Platz gibt es für die Frau in einer Welt, in der die Männer ihre Macht mit Zähnen und Klauen verteidigen? Und umgekehrt: Welchen Platz gibt es für den Mann in einer Welt, in der sich die Frauen die Macht nehmen? Warum fasziniert die Sehnsucht nach dem einfachen Leben so viele Menschen immer aufs Neue – quer durch die Jahrhunderte?

Eine entscheidende Rolle auf dem Weg zur eigenen Wildheit spielen archaische Träume und innere Bilder. Sie bringen uns wieder stärker mit all den intuitiven Kräften in Berührung, die in uns wirken, oft ohne dass uns dies bewusst wird.

Die Auseinandersetzung mit Gestalten aus alten und neuen Mythen setzt Möglichkeiten frei, uns mit ihnen zu identifizieren und auf diese Weise die uralte Kraft, die sie enthalten, in uns wirken zu lassen. Wir orientieren uns dabei an Modellen. Hierfür stellt das Buch geeignete archaische Typbeschreibungen, aber auch Kurzbiografien großer wilder Männer und Frauen bereit. Sie alle dienen dem gleichen Ziel, Identifikationsmöglichkeiten für Leserinnen und Leser zu schaffen als Orientierungspunkte auf ihrem persönlichen Lebensweg.

1. Wildheit für Zivilisierte

Menschen brauchen Wildheit

> Wo der Horizont beginnt, dorthin möchte ich reiten. Ich hasse Zäune und kann Mauern nicht ausstehen, also grenz mich nicht ein.
>
> *Cole Porter, Komponist, (1891–1964): Don't fence me in – Hit der 50er Jahre*

Was ist eigentlich Wildheit? Ist sie ein Rückfall in die Barbarei früherer Zeiten? Bedeutet sie, mit langen Zottelhaaren in Höhlen zu leben und sich von Heuschrecken zu ernähren? Sollen Meinungsverschiedenheiten wieder mit der Keule ausgetragen werden, und soll das Recht des Stärkeren wieder gelten, falls es je außer Kraft gesetzt war? Geht es um Vielweiberei, Anarchie oder Menschenopfer? – Nichts von alledem. Es handelt sich auch nicht um eine neue religiöse Lehre. Wildheit in dem hier verstandenen Sinne bedeutet in erster Linie mehr Natürlichkeit im alltäglichen Leben zulassen, auf die innere Stimme hören und vertrauen lernen, achtsam werden, im Augenblick leben und in Einklang mit den Gesetzen der Natur. Offenbar gibt es Erkenntnisse, die die Menschen in jeder Zeit, unabhängig von bestimmten geistigen Traditionen, selbst neu entdecken müssen. Der indische Weisheitslehrer Krishnamurti (1897–1986) sagt: *„Jeder Mensch kann sich selbst befreien, indem er sich verstehen lernt."* Ähnliches meint der Psychoanalytiker C. G. Jung, wenn er auffordert: *„Werde, der du bist."*

Die in den westlichen Ländern vorherrschenden Erziehungsmethoden fördern Anpassung, Autoritätsgläubigkeit, frühzeitige Spezialisierung und Karrieredenken. Die Menschen werden dazu erzogen, sich viel Wissen anzueignen und es methodisch anzuwenden. Doch die Fähigkeit zuzuhören, hinzusehen, mitzuempfinden bleibt auf der Strecke. Die so aufgewachsenen Menschen funktionieren. Sie klettern auf der Karriereleiter beachtlich wendig. Sie arbeiten routiniert und effektiv, aber eben nur begrenzt erfinderisch. Es fällt ihnen schwer, sich auf etwas völlig Unbekanntes, scheinbar Unmögliches einzulassen, wirklich kreativ zu sein. Vielfach sind sie emotionale Krüppel, unfähig, sich voll auf das Leben einzulassen.

Wirklich lebendiges Leben, wirkliches Lernen, ist ein Entdecken, das sich durch das ganze Leben hindurch fortsetzt.

Menschen, die in gutem Kontakt mit ihren wilden Wurzeln leben, lassen sich mutig auf die Risiken ihres Lebens ein. Sie sind bereit, auch ungewöhnliche Wege zu gehen und nicht auf ausgetretenen Trampelpfaden zu bleiben. Wenn es sein muss, stellen sie das herkömmliche Rollenverständnis als Mann oder als Frau in Frage. Notfalls schmeißen sie sogar eine Karriere hin, wenn sie erkennen, dass sie auf ihrem bisherigen Weg in eine Sackgasse geraten und so nicht länger leben können, ohne ihre Seele zu verkaufen. „Wilde" Menschen halten nicht an überlieferten Weltbildern fest, wenn sie erkennen, dass diese erstarrt und verkrustet und damit lebensfeindlich geworden sind. Leben ist fortgesetztes Entdecken, auf die Wurzeln hören, fragen „Was will ich wirklich?". Leben bedeutet sich einlassen auf andere Menschen, mitfühlen, mitleiden – das alles ist Ausdruck von Wildsein.

Auf die Frage, wie es gelingen kann, den Weg zur Lebendigkeit wieder zu entdecken, will dieses Buch eine Antwort finden. Doch schauen wir uns zuvor näher an, auf welche Weise es die westliche Zivilisation überhaupt schafft, die Menschen so zu verkrüppeln und zu zerstören, wie sie dies tut.

Wildheit ist nicht gleich Wildheit

Wildheit ist nicht gleich Wildheit. Die Wildheit des Mannes ist eine andere als die Wildheit der Frau. Zwar gibt es da Ähnlichkeiten, Überschneidungen, in denen die Wildheit beider

Geschlechter sich zu gleichen scheint. Bei beiden Geschlechtern äußert sie sich als tiefes Bedürfnis nach Unabhängigkeit von überlieferten Rollenvorstellungen. Die wilde Frau will ebenso wenig wie der wilde Mann eingesperrt werden in gesellschaftliche Zwänge, Klischees und gängige Moralvorstellungen. Beide wollen ihr Leben als Frau und als Mann selbstbestimmt und bewusst leben. Beide lassen sich nicht in ein erstarrtes Weltbild pressen.

Das chinesische Bild von den unterschiedlichen weiblichen und männlichen Energien Yin und Yang zeigt einen gemeinsamen Kern, in dem sich beide Energien finden, in dem die Unterschiede zwischen den Geschlechtern aufgehoben sind, ein winziges Zentrum. Doch rundherum bleiben grundverschiedene Welten, in denen Mann und Frau leben. Daran wird sich nichts ändern. Da gibt es nichts zu verwischen. Die Unterschiede zu verkleistern, ist wenig hilfreich.

Fest steht nur: Jeder Mensch braucht etwas Wildes. Und auch jede Beziehung braucht das Wilde. Sonst verkümmert sie.

Die Wildheit der Frauen

Was viele Frauen heute bewegt, wenn man sie nach ihrer Rolle fragt, ist in erster Linie die Sehnsucht nach Freiheit und Unabhängigkeit. Sie wollen sich nicht von ihrer Stellung im Beruf bestimmen lassen, andererseits aber auch nicht von den Erwartungen ihres Mannes und ihrer Kinder. Moderne Frauen möchten ihr eigenes Leben leben. Sie suchen nach dem Potential, das in ihnen steckt. Sie wollen entdecken, wozu sie fähig sind, wenn sie sich nicht an den Erwartungen anderer orientieren, sondern an ihrer eigenen wilden Kraft. Doch dieser Weg fällt ihnen nicht immer leicht. Sie leiden daran, dass sie sich auf ihrem persönlichen Weg allein gelassen und nicht verstanden fühlen.

Wilde Frauen heute achten sich selbst und lieben ihr Frausein. Sie wissen um ihren Wert. Durch herabsetzende Bemerkungen und kleinkarierte Kritik lassen sie sich nicht abwerten. Sie leben eine neue Leichtigkeit. Single zu sein, können sie genießen. Wenn sie mit anderen Frauen zusammenkommen, weinen und lachen sie gern miteinander. Darin steckt Kraft. Sie lassen sich durch nichts und von niemandem mehr daran hindern, wirklich zu leben.

Der modernen feministischen Bewegung geht es zwar immer noch darum, gleiche Rechte für die Frauen zu fordern. Doch anders als noch in den 70er Jahren des vergangenen Jahrhunderts gerät die Frau inzwischen bei ihrem Kampf um Gleichberechtigung nicht mehr in die Gefahr, sich dem Mann anzugleichen. Heute betont sie ihr Anderssein selbstbewusst. Sie hat erkannt, dass im Anderssein von Mann und Frau ihr besonderes Potential liegt. Dabei lässt sie sich nicht auf ein bestimmtes Bild festlegen. Grundlegende biologische Unterschiede zwischen Männern und Frauen haben zwar seit Urzeiten zu unterschiedlichen Verhaltensweisen und Aufgabenverteilungen bei der Kindererziehung, Nahrungsbeschaffung und anderen Dingen geführt. Doch bei anderen Aufgabenverteilungen bleibt Spielraum. Da ist Platz für Flexibilität. Das haben die verschiedenen Kulturen quer durch die Geschichte der Menschen gezeigt. Wirkliche Gleichberechtigung lässt sich nur erreichen, wenn man die biologischen Unterschiede akzeptiert und die Stärken und Schwächen der Frauen und Männer in einer Gesellschaft bewusst berücksichtigt.

Künstliche Gleichmacherei führt zu Langeweile. Die Spannung und Faszination zwischen Frauen und Männern entsteht ja gerade aus der Unterschiedlichkeit. Sie gibt beiden Geschlechtern ihre ureigene Energie. Sie zündet dieses Feuerwerk, aus dem beide ihre Kraft und Lebendigkeit beziehen, auch wenn man sich dabei mitunter schon mal das Fell versengt.

Frauen haben erst dann eine echte Chance auf Gleichbehandlung, wenn sie ihre eigene Identität finden, anstatt sich an dem Männlichkeitsideal auszurichten. An dieser selbst gestellten Aufgabe arbeiten sie mit bewundernswerter Konsequenz und großem Mut – viel intensiver bislang als die Männer.[1] Dass die Frauen dabei an Selbstwertgefühl, Lebenskraft und Wildheit gewinnen, ist unübersehbar.

Die Wildheit der Männer

> Die Helden aller Zeiten sind uns vorangegangen, das Labyrinth ist gründlich erforscht; wir brauchen nur dem Heldenweg zu folgen. Und wo wir glaubten, etwas Schreckliches zu finden, werden wir auf einen Gott treffen. Wenn wir glaubten, nach außen zu gehen, werden wir in die Mitte unserer eigenen Existenz gelangen. Wo wir glaubten, allein zu sein, werden wir eins sein mit aller Welt.
>
> *Joseph Campbell (1904–1987), amerikanischer Mythenforscher*

Tief in seinem Inneren steckt in jedem Mann ein beinahe spirituelles Verlangen nach Abenteuern, nach Gefahr und Wildheit, nach einem Ort, wo nichts vorgefertigt ist, lizensiert, codiert, steril verpackt, wo es keinen Termindruck gibt, keine Sitzungen, Kalender, Handys. Er sucht insgeheim einen Ort, an dem noch Natur ist, an dem ihm der Wind ins Gesicht weht, an dem er sich ausgesetzt fühlen und sich bewähren kann. Wenn ein Mann je herausfinden will, wer er ist und warum er auf dieser Welt lebt, dann muss er die Reise zu sich selbst antreten.

Der moderne Mann ist wie ein Löwe im Käfig. Er ist resigniert, angepasst, frisst (zu viel meist), geht drei Schritte nach rechts,

---

[1] Dieser Eindruck stützt sich auf Erfahrungen, von denen Linda Jarosch aus ihrer Arbeit mit Frauengruppen berichtet, vgl. Jarosch/Grün 2005, 7

drei nach links, zu mehr reicht es nicht. So verbringt er sein Leben. Dabei wäre er eigentlich leidenschaftlich kühn, wild. Er liebt die Freiheit und möchte Neuland erobern. Die Welt braucht lebendige Menschen, die zu ihrer wahren Natur zurückfinden – durch alle Verletzungen hindurch, die sie erlitten haben.

In der modernen Gesellschaft gibt es keine einheitliche Vorstellung davon, wie Männer sein sollten. Die letzten dreißig Jahre hat man versucht, die Rolle des Mannes neu zu definieren. Männer sollen ihre weibliche Seite entdecken und leben. Sie sollen empfindsamer, berechenbarer, lenkbarer sein. Herausgekommen sind dabei Softies, Männer, die keine richtigen Männer mehr sind, die nie erwachsen werden wollen. An ihnen haben die Frauen offensichtlich ebenso wenig Freude wie an dem als überholt geltenden Machotyp. So kommt es zu Problemen wie in dem folgenden Beispiel:

In die Therapie kam eine junge Frau, 25 Jahre, von Beruf Sekretärin. Sie klagte darüber, dass es mit ihrem Freund im Bett nicht klappte. Nie ginge von ihm eine Initiative aus. Wenn sie aktiv werde, weiche er zurück. Sie stand vor der Frage, die Beziehung zu beenden, da sie den Rest ihres Lebens „nicht als Nonne leben möchte".

Von ihrem Partner gingen auch sonst sehr wenige Impulse aus. Immer sei sie es, die irgendwelche Unternehmungen vorschlage. Er mache dann wohl mit und sei gutwillig und lieb zu ihr. Genau deswegen habe sie Schwierigkeiten, die Beziehung zu beenden. Andererseits fehle ihr doch sehr, dass er ohne jede Initiative sei. Im Grunde langweile sie sich in der Beziehung.

Das Ergebnis überzivilisierter Lebensweise ist eine totale Verunsicherung über die Rolle der Geschlechter, wie es sie in solchem Ausmaß noch nie in der Geschichte der Menschheit gegeben hat. Wie soll der Mann seine Rolle finden, wenn das höchste Ziel darin besteht, ihn zu domestizieren, ihm gute

Manieren beizubringen, damit er gefügig wird und sich von Politikern willig für deren Machtinteressen ausnutzen lässt.

Die Kirche hat den Männern – ebenso aber den Frauen – einige besondere Grausamkeiten angetan, indem sie ihnen ihre restliche Wildheit austrieb. Das Wilde sei heidnisch und durch und durch böse. Die Sexualität sei schlecht. Selbst in der Ehe ist sie allenfalls tolerierbar, wenn sie der Nachwuchszeugung dient. Nur keine Lust zulassen. Das Leben hat eine Last zu sein. Entsprechend trüb sehen die Christen dann aus.

Der Sachbuchautor und therapeutische Seelsorger John Eldredge fordert auf: *„Gehen Sie mal in eine x-beliebige Gemeinde, sehen Sie sich um und beantworten Sie dann die Frage: Was ist ein christlicher Mann? Denken Sie nicht an das, was man so sagt; halten Sie sich an das, was Sie sehen. Zweifellos werden Sie feststellen, dass ein christlicher Mann vor allem eines ist: gelangweilt."*[2] Er ist ein richtig braver Mensch, ein netter Kerl, der nicht raucht, nicht trinkt, niemandem etwas zuleide tut. Nur: So wollten die meisten Menschen eigentlich nicht werden, als sie jung waren.

Robert Bly beklagt in seinem Buch *Eisenhans: „Manche Frauen wollen einen passiven Mann, wenn sie überhaupt einen Mann wollen; die Kirche will den gezähmten Mann – Priester genannt; die Universität will den domestizierten Mann – Beamter genannt; die Firma will einen, der gut ins Team passt."*[3]

Männer, die ihre Wildheit wieder finden möchten, müssen einen spirituellen Weg gehen. Unterstützung auf diesem Weg finden sie in den alten Mythen, Legenden, in den heiligen, heilenden Geschichten überall auf der Welt, die natürlich für Männer und Frauen geschrieben sind. Nur: Die Frauen sind auf ihrem spirituellen Weg bereits viel weiter fortgeschritten. Sie standen unter größerem Leidensdruck. Außerdem sind Frauen

---

[2] Eldredge 2005, 24

[3] Bly 1991, 95

im Allgemeinen weit eher bereit, sich mit ihrem Innenleben auseinanderzusetzen und nach ihrer Rolle im Leben zu suchen. Frauen begeben sich eher in Therapie als Männer, nutzen die vorhandenen Angebote zu spirituellen Themen weit mehr als Männer, setzen sich mit ihren Träumen auseinander und praktizieren meditative Techniken, um in besseren Kontakt mit sich selbst zu kommen. Bei Männern besteht eher die Neigung, inneren Konflikten aus dem Weg zu gehen. Männer sind eigentlich meist schon angekommen. Sie suchen seltener nach ihrem spirituellen Weg, sind eher geneigt, diese Suche als Nabelschau abzutun. Lieber wenden sie sich den Problemlösungen zu, vor die sie der Alltag stellt.

Die Frauen sind ihren emanzipatorischen Weg im letzten Jahrhundert ein gutes Stück weit gegangen. Jetzt ist es an der Zeit, dass auch die Männer überholte patriarchalische Strukturen überwinden und die weibliche Seite in sich selbst entdecken, sie erwecken und lieben lernen. Ein Mann ohne Kontakt zu seiner weiblichen Seele ist wie eine vertrocknete Wurzel. Er konstruiert, baut, klärt, nutzt, repariert, erlässt Gesetze, verwaltet, ordnet, spielt mit allem, was ihm begegnet. Aber wirklich kann er die Welt nicht begreifen, weil er nicht weiß, wie sich die Innenseite der Dinge anfühlt. Feingefühl, Einfühlungsvermögen, Intuition und Imagination sind ihm fremd. Er konstruiert und manipuliert sein Umfeld, anstatt einfach zu leben. Er kontrolliert sich und die anderen Menschen um ihn herum, weil er Angst hat vor dem wirklichen Leben. Anders gelingt es ihm nicht, das Gefühl von Sicherheit herzustellen. Doch es genügt nicht, die Werte der Wirtschaft – Gewinn, Erwerb, Beweis, Erfolg, Kontrolle – in den geistigen Bereich zu übertragen. Es genügt nicht, Bewegung gegen Stille zu setzen, ein Ego-Programm zu starten. Es genügt auch nicht, den Weg nachzuahmen, den die Frauen gegangen sind oder die Väter. Ein wirklich spiritueller Mann hat es nicht nötig, andere zu drängen, einzuschüchtern oder all die Machtspiele mitzuspielen, die unter Männern üblich sind. Er ist sich seiner Macht bewusst und kann sie sicher und mit ruhigem Selbstvertrauen einsetzen. Er ist nicht voreingenommen, auch nicht arrogant, denn er ruht in sich selbst. Er braucht keine Statussymbole, weil er seine Identität aus seinem eigenen Inneren schöpft. Er braucht keinen Mercedesstern, kein Monogramm auf der Brieftasche, kein Wappen auf Hemd, Unterhose oder Haustür. Er verfügt über die Kraft seiner ganzen Persönlichkeit. Er braucht seine Seele nicht an die Firma, seinen Arbeitgeber, das Militär, den Staat oder an allgemein anerkannte Meinungen zu verkaufen. Über das gängige Freund-Feind-Denken ist er hinaus gewachsen. Er hat gelernt, was Zorn, Wildheit, Leidenschaft, Macht und Klarheit bedeuten. Er kann seinen Weg bis zu Ende gehen und notfalls den Preis dafür bezahlen. Er kann seine Schöpferkraft aussäen, aber auch geduldig warten, bis die Saat aufgeht. Für ihn ist es in Ordnung, Dinge zu wissen, aber er kann auch akzeptieren, dass es Dinge gibt, die er nicht weiß. Er kann sich auf andere Menschen einlassen oder nicht, ohne sich zu verkrümmen. Er kann handeln, ohne am Erfolg zu kleben, denn er hat seiner Angst vor dem Scheitern ins Auge geblickt. Er muss nichts bestätigen oder leugnen, er muss nicht beurteilen, bewerten oder kommentieren. Aber er kann das alles tun, wenn es ihm richtig erscheint. Er kann Regeln der Konvention akzeptieren, aber sich nötigenfalls auch darüber hinwegsetzen. Er klebt an keinem Stuhl, ist aber bereit, jede neue Herausforderung anzunehmen, wenn sie seiner Überzeugung entspricht. Er ist sesshaft und mobil, bewahrend und offen für Neues zugleich.

Warum dauert es so lange, bis sich eine gesunde männliche Spiritualität entwickeln kann? – Der Staat braucht gehorsame Bürger, die keine Fragen stellen, sondern ungerührt ihrem Gewerbe nachgehen. Vor allem aber fehlt es in der Männerwelt an Vorbildern, an denen sich junge Menschen orientieren könnten. Für die große Mehrheit der Menschen in der westlichen Welt sind Väter kaum noch vorhanden. Sie haben entweder keine Zeit, keine Freiheit oder kein Bedürfnis nach engerem Kontakt zu ihren Söhnen. So wachsen die Kinder ohne männliche Energie auf. Ihnen fehlt das Selbstvertrauen, etwas im Leben zu bewegen und auf sich zu vertrauen, weil niemals ein Vater ihnen vertraut hat. Sie fürchten sich, ihrer männlichen Kraft zu begegnen, ja sie auch nur anzuschauen. Solange sie diese Wunde nicht anschauen und spüren, kann sie nicht heilen. Es bleibt ihnen nur, weiterhin ein pseudo-männliches Leben zu führen, zur Tagesordnung überzugehen, Draufgängertum statt mutiger Entscheidungsfähigkeit zu leben, Manipulation statt Macht. Woher sollen Selbstvertrauen und innere Autorität auch kommen, wenn die Väter sie ihren Söhnen nicht geben können? Und die Söhne der jeweils nächsten Generation müssen mit dem gleichen Mangel ebenfalls fertig werden. Männer, die keine innere Autorität haben, verlassen sich zu viel auf äußere Autorität. Sie sind es, die den falschen Versprechungen falscher Systeme noch mehr vertraut haben als die Frauen. Sie verhalten sich wie Lemminge, die ihrem blinden Führer blindlings in den Abgrund folgen.

Der wilde Mann braucht echte Freundschaft von Frauen und Männern. Er braucht auch seine weibliche Seele. Er braucht Väter und Brüder. Er braucht die Wurzeln seiner Wildheit, um lebendig leben und den Weg in die menschliche Gemeinschaft finden zu können. Er braucht den Zugang zu seinem Inneren, damit er nach außen verantwortungsvoll handeln kann.

Wenn es keine Väter mehr gibt, an denen wir uns orientieren können, so können wir uns doch wenigstens den spirituellen Mann in der Mythologie, in der Literatur und in einigen Filmen anschauen. Er hält einen Überschuss an Lebendigkeit für uns bereit. Wir müssen nur bereit sein, uns auf seine Wildheit einzulassen.

Richard Rohr, Franziskanerpater und international erfahrener Experte in der Arbeit mit Männergruppen, ist einer der bekanntesten Vorkämpfer der spirituellen Erneuerung der Männerwelt. Er holt zum Keulenschlag gegen die herkömmliche Männergesellschaft aus: *„Ein exaktes Spiegelbild dieser männlichen Sicht ist der Mythos der westlichen Zivilisation, hauptsächlich von Männern verfasst, von Männern, die über Macht, Geld, Firmen, Kirchen, Militär und Moralbücher bestimmen. Was wir Wirklichkeit nennen und wovon wir nahezu vollkommen abhängig sind, ist zum größten Teil ein Konstrukt von Männern, die offen gesagt nicht viel an innerer Arbeit geleistet haben. Sie sind nicht nach innen gegangen, haben nichts über Vertrauen, Verletzlichkeit, Gebet oder Poesie erfahren. Sie – und die Zivilisation, die wir von ihnen geerbt haben – sind großenteils nicht vollständig, sondern unvollkommen, ja krank. Darüber muss man nicht groß streiten."*[4]

In der Tat: Geredet worden ist genug über Rollenerwartungen. Die Fakten liegen längst auf dem Tisch. Jetzt kommt es darauf an, erste Schritte zu gehen, auch wenn wir nicht wissen, wohin sie uns letztlich führen werden. Manchmal findet man den Weg, indem man ihn geht. Der Weg ist schon vorhanden, selbst wenn wir ihn nur in ersten Ansätzen erkennen können.

Rituale: wilde Ordnung

Eine erwachsene Frau oder ein erwachsener Mann zu werden, das geschieht nicht von selbst und nicht allein auf Grund biologisch in uns angelegter Impulse. Deshalb gibt es in fast allen Gesellschaften Rituale, die den jungen Menschen Herausforderungen und Hilfen auf ihrem Weg zum Erwachsen werden anbieten.

Bei jungen Frauen scheint dieser Weg bis heute noch eher durch die biologischen Erfahrungen der Menstruation und des Gebärens gestützt zu sein. Vielleicht ist es aber auch so, dass Frauen grundsätzlich von ihrem Wesen her eher bereit sind,

---

[4] Rohr 2006, 20

sich mit ihrer Rolle als Frau spirituell auseinander zu setzen. Junge Männer jedoch müssen angemessen herausgefordert, auf die Probe gestellt, eingeschränkt, bestraft, vielleicht sogar schikaniert, beschnitten, Hunger, Durst, Kälte und Nacktheit ausgesetzt werden, wenn sie ihre Reife erreichen sollen. Das ist zu allen Zeiten, überall in der Welt erkannt und so praktiziert worden. Nur die westlichen Kulturen unserer Zeit sehen diese Aufgabe nicht mehr. Zwar gibt es ein paar Versuche, Ersatz für die alten Rituale zu schaffen: Konfirmanden- bzw. Firmunterricht, Jugendfreizeiten, Pfadfindergruppen. Doch ihre spirituellen Wirkungen sind gering.

Bei den Naturvölkern war feste „wilde" Ordnung: Jungen mussten aus dem Raum schützender weiblich-mütterlicher Energie herausgerissen und in die Welt der Männer eingeführt werden. Dazu gehörten rituelle Verwundungen ebenso wie Mutproben und Prüfungen, bei denen die Verbundenheit mit den Männern und den Werten des Stammes erfahren werden konnte. Die männlichen Heranwachsenden rituell auf ihre Aufgaben vorzubereiten, war Aufgabe der Medizinmänner, der Priester und Schamanen. Bei uns heute suchen die Jungen bei ihrem Fußballtrainer, beim Spieß auf dem Kasernenhof oder bei Sektengurus nach angemessenem Ersatz, den ihnen die Kirchen kaum noch bieten. Sie haben ihnen zu lange Zeit Steine statt Brot gegeben, Moralnormen statt einer Visionssuche, langweilige Feiertage, deren Sinn ihnen verschlossen bleibt, statt mutiger Reisen mit echtem Risiko.

Bei der Einführung in die Männerwelt geht es immer um Grenzerfahrungen, um Härte, um Schwierigkeiten, Herausforderungen, um Kampf, um die Begegnung mit dem Unbewussten, dem Wilden. Da unsere Gesellschaft ihnen diese Erfahrungen vorenthält, sollten wir uns nicht über Ersatzformen wundern wie Straßenbanden, unklare sexuelle Identität, jugendliche Neonazis, romantische Verklärung des Kriegs, ausufernde Gewalt selbst schon bei harmlosen Halloweenfeiern oder Fußballspielen. Daran wird sich nichts ändern, solange wir nicht begreifen, dass es nicht genügt, junge Menschen in logischer Gedankenführung, intellektuellen Problemlösungsstrategien und Dominanzstreben zu trainieren. So entstehen emotionale Krüppel, unfähig zu echter Zuwendung und zu Begeisterung für eine überzeugende Sache, allenfalls bereit, Macht und Kontrolle auszuüben, sich selbst und die eigenen materiellen Interessen zum Maßstab aller Dinge zu erheben und in ihrer beziehungslosen Welt von Videos und Computerspielen zu verharren.

Wildheit und Spiritualität

Wie gehen andere Völker außerhalb der westlichen Zivilisation mit ihrer Wildheit um? Gelingt es ihnen besser als uns westlichen Wohlstandsbürgern, ihre Wildheit zuzulassen und sie zu integrieren?

Welche Rolle spielt Armut in diesem spirituellen Prozess?

Richard Rohr hat lange nach Antworten gesucht: „*Ich musste bis nach Indien reisen, um eine Kultur zu finden, die den wilden Mann und den weisen Mann gleichermaßen versteht und anerkennt.*"[5] Nun ist zwar westliches Denken, wie überall auf der Welt, inzwischen auch in die indische Kultur eingedrungen und hat zu nicht unbedingt segensreichen Vermischungen geführt. Dennoch fallen grundlegende Unterschiede in der spirituellen Orientierung auf. Wenn wir in das Berufsleben einsteigen, geht es uns um unser persönliches materielles Vorankommen. Vielleicht denken wir dabei auch an eine Einkommenssicherung unserer Kernfamilie. Aber wir betrachten unsere berufliche Tätigkeit nicht unbedingt als Möglichkeit, unsere Seele zu finden oder einen sinnvollen Beitrag für das Allgemeinwohl zu leisten. Im Osten sieht man das anders. Wahr-

---

[5] Rohr 2006, 122

scheinlich wirkt sich hier die Lehre Buddhas aus. Buddha stammte aus vornehmer Familie. Gegen den Befehl seines Vaters verließ er den schützenden Palast und entdeckte so das Leid der Menschen. Seinem Vater warf er vor, ihm diese Erfahrung vorenthalten zu haben. Auch Jesus zog sich mit rund 30 Jahren für 40 Tage in die Wüste zurück, um seine Vision zu suchen. Erst danach fand er seine Rolle, seinen Auftrag, endgültig.

Wo ist bei uns die Visionssuche geblieben, die wir von beinahe sämtlichen Naturvölkern her kennen? Die Menschen rackern sich ab im „Tagesgeschäft" bis zu ihrem Ruhestand. Dann lehnen sie sich zurück, tun nichts oder pflegen ihre Hobbys. Aber wo bleibt ihr persönliches geistiges Wachstum, die Suche nach einem Sinn in ihrem Leben oder nach einer Aufgabe, die darüber hinaus geht, die Beine hoch zu legen und es sich möglichst gut gehen zu lassen?

Im Vergleich zur indischen Weltsicht stellt sich unsere als ärmlich dar.

Die Inder – zugegeben, das gilt nur für die gehobenen Schichten – teilen ihr Leben in vier Stufen ein. Als erstes erhalten die jungen Menschen Unterweisung in den indischen Traditionen und den hinduistischen Schriften. Durch Meditation und Yoga lernen sie Disziplin und Selbstkontrolle auf körperlicher und geistiger Ebene.

Kommt der junge Mann ins heiratsfähige Alter, so lässt er sich nieder, gründet eine Familie und übt einen Beruf aus. Man erwartet von ihm, dass er nicht nur seine engste Familie ernährt, sondern auch seinen Platz in der Großfamilie einnimmt und seinen Beitrag zum Gemeinwohl an seinem Wohnort leistet, soweit seine Zeit und Begabung dies erlauben.

Die dritte Stufe würden wir als Visionssuche bezeichnen. Die Inder sehen Hausstand und Berufsausübung im Gegensatz zu uns nur als vorübergehend an. Die Visionssuche beginnt, sobald der Mann so viel verdient hat, dass seine Familie auch ohne ihn zurechtkommen kann. Dieses Stadium ist etwa dann erreicht, wenn die Söhne selbst zu Hausvätern geworden sind und die ersten Enkel zur Welt kommen.

Interessanterweise bezeichnet man die Suchenden auf dieser Stufe manchmal als „Waldbewohner". Obwohl sie längst nicht alle hinaus in die Wälder gehen, betont diese Bezeichnung doch die Nähe zu ihrer Wildheit. Viele ziehen sich tatsächlich in die Einsamkeit zurück. Manchmal leben sie zwar weiter im Haushalt der Familie, aber abseits, zurückgezogen von den anderen. Sie sind nicht mehr Entscheidungsträger. Sie suchen zu verstehen. Sie lesen in den alten Schriften, meditieren, treten in Kontakt mit einem Guru, kurz: Sie versuchen, den Sinn des Lebens zu verstehen.

Die vierte und letzte Stufe erreicht ein Mann in Indien, wenn alles gut verläuft, im Alter von sechzig bis siebzig Jahren. Er kann jetzt selbst eine Art Guru werden, kein hauptberuflicher Weisheitslehrer, sondern ein Mann, den andere um seinen Rat bitten. Er kennt das Leben, denn er hat alles erfahren, was man leben kann: Scheitern und Erfolg, Schweigen und Sprechen, Fasten und Feiern, Kraft und Krankheit, Männliches und Weibliches, Gemeinschaft und Einsamkeit, Gut und Böse, Leben und Tod. Von dieser Erfahrung kann er an andere weitergeben. Sein Rat ist gefragt, seine Weisheit wird geschätzt – ganz anders als bei uns, wo die Alten als Rentenlast mehr oder weniger zum Sperrmüll zählen.

2. Die Zivilisation raubt unsere Kraft

Born to be wild

Jeder von uns ist als Wilder geboren, als Mensch, der seine vitalen Grundbedürfnisse sensibel wahr nimmt und noch nicht von den Einflüssen seiner Umgebung verbeult und verdorben ist. Jedes Baby weiß, wann es Hunger hat und wann es schlafen möchte. Doch als Erwachsene reagieren wir vollkommen anders: Fragt uns jemand nach unserem Hunger, so schauen wir auf die Uhr, statt in uns hinein zu horchen. Sie sagt uns, wann es Zeit ist, Hunger zu haben, nicht unser Bauch, der es eigentlich viel besser wissen müsste, aber es nicht weiß. Wir haben verlernt, auf unsere Gefühle und Bedürfnisse zu hören. Wir schlafen nicht, wenn wir müde sind, sondern wenn der uns aufdiktierte Lebensrhythmus mit seiner Arbeitsbelastung uns Zeit dazu lässt. Wir kaufen nicht das ein, was wir brauchen, sondern was Werbung und Mode uns vorschreiben. Der lange Weg durch Erziehung in Elternhaus, Schule und Gesellschaft hat uns gründlich ausgetrieben, unsere vitalen und emotionalen Grundbedürfnisse wahrzunehmen, auf sie zu hören und sie zu leben.

So segensreich die Errungenschaften der modernen Zivilisation einerseits sind – wer von uns möchte noch auf sie verzichten – so ist doch unübersehbar, dass sie uns schweren Schaden zufügen und zu einem unwiederbringlichen Verlust an menschlicher Substanz und damit an Lebensqualität führen. Die Zivilisation schneidet uns unsere kulturellen Wurzeln ab. Sie trennt uns von der in uns angelegten ursprünglichen Wildheit. Sie entfernt uns weit von unserer vitalen Ur-Kraft und lässt uns als emotional orientierungslose Krüppel unser Leben lang dahinvegetieren. Jede Affenherde entwickelt mehr Zuwendungsfähigkeit und Emotionalität, wenn man sie in ihrer natürlichen Umgebung leben lässt, als in den meisten demolierten und verstümmelten Menschen-Patchworkfamilien der westlichen Welt zu finden ist.

Die Gründe für die verheerende Wirkung der Zivilisation sind vielfältig. Sie sollen hier näher ausgeleuchtet werden.

Leben ohne Abenteuer

Das Leben in der modernen Zivilisationsgesellschaft ist nicht heiß und nicht kalt, sondern lauwarm, weitgehend ohne Höhepunkte und Tiefen, ohne Risiken. Abgesichert durch Policen und Versorgungsansprüche, rundum vom Staat verwaltet, versorgt und entmündigt, sitzen die Menschen in ihren Glaskästen bei im Sommer wie im Winter gleichbleibenden Temperaturen. Ihr Körper verliert jede Fähigkeit zur Anpassung an unterschiedliche Reize – und er wird davon krank. Denn Leben ist Wechsel, ist Anpassung an immer neue Situationen und neue Anforderungen.

Stress

Wildheit und Stress lassen sich nur schwer unter einen Hut bringen. Eigentlich sollte die moderne Technik uns entlasten. Computer und Maschinen, elektronisch gesteuerte Geräte nehmen uns alle mühsame Handarbeit ab. Autos ersetzen unsere Beine, Werkzeuge unsere Hände und Computer unseren Kopf. Ein Druck auf ein paar Tasten genügt. Verglichen mit unseren Vorfahren müsste unser Leben geradezu ein Kinderspiel sein. Dennoch fühlen sich die Menschen unserer Zeit immer stärker überlastet. Zeitdruck, Hetze, Gejagtsein, Frust beherrschen unser Leben immer mehr. Das Gefühl ständiger Überforderung belastet die Menschen und führt auf längere Sicht zu Erschöpfung, Niedergeschlagenheit, zum sogenannten Burn-Out-Syndrom und zu nervlicher und körperlicher Krankheit.

Einer der Gründe für den modernen Stress ist sicher das Bedürfnis nach hohem Lebenskomfort, nach Bequemlichkeit und Luxus, das zur Überbürdung mit finanziellen Verpflichtungen führt. Aber es ist auch die Angst vor Arbeitslosigkeit und davor, den hohen Anforderungen im Beruf nicht auf Dauer gewachsen zu sein. Kommen dann noch Beziehungsprobleme hinzu, fehlt es an regelmäßiger Erholung und Entspannung, so treten schnell ernst zu nehmende Alarmsignale auf.

Sie können sich im körperlichen Bereich zeigen durch Symptome wie: erhöhter Herzschlag, Bluthochdruck, Muskelverspannungen, Rückenschmerzen, Übelkeit, Infektanfälligkeit.

Seelisch bedingte Stressfolgen können sein: Schlaflosigkeit, Aggressivität, Konzentrationsschwächen, Angst, Depression, nervliche Erschöpfung. Typisch stressbedingte Krankheiten sind Magengeschwüre, Herzerkrankungen, Kopfschmerzen, Asthma, Heuschnupfen, Hautausschläge. Im Grunde gibt es keine Krankheit, die nicht durch Stress ausgelöst werden könnte. Die Wissenschaftler sehen inzwischen selbst schwer bestimmbare Krankheitsbilder wie das Chronische Müdigkeitssyndrom, Burnout und Fibromyalgie (mit unklaren, an wechselnden Stellen des Bindegewebs- und Muskelsystems auftretenden Schmerzen) in direktem Zusammenhang mit Stress.

Forscher bezeichnen negativen Stress (Distress) als einen Zustand, bei dem das Gleichgewicht zwischen Anspannung und Entspannung, zwischen Aktivität und Ruhephasen gestört ist. Die Folge: Man fühlt sich ständig überfordert, sieht keinen Ausweg und wird krank.

Doch die Menschen nehmen Stress sehr unterschiedlich wahr. Was für den einen hoher Stress ist, ist für den anderen erst eine angemessene Herausforderung.

Ein gewisses Maß an Stress ist sogar lebensnotwendig (Eustress). Es fördert die Leistungsbereitschaft und die Freude am Leben. Langeweile kann krank machen, weil sie als Stress empfunden wird – bei Rentnern und Arbeitslosen zum Beispiel, wenn sie mit ihrer Freizeit nichts anfangen können. Aber auch Unterforderung am Arbeitsplatz löst Stress aus: Eintönige Tätigkeiten, Fließbandarbeiten, Schichtarbeit können ebenso schaden wie Konkurrenzkampf, Mobbing, Karrieredruck, finanzielle Schwierigkeiten und Existenzängste. Auch der Verlust von geliebten Menschen, Krankheiten im Familien- und Freundeskreis, die Midlife-crisis und chronischer Ärger sind nachweisbar wichtige Stressfaktoren.

Hinzu kommt der immer stärkere Lärm, der rund um die Uhr auf uns einprasselt, die Luftverschmutzung, hellhörige Wohnungen, Reizüberflutung durch die Massenmedien und das moderne Freizeitverhalten mit seinen Terminzwängen. Schon Schulkinder führen heute einen Terminkalender wie Manager. Ein ausgebuchter Neunjähriger klagte mir kürzlich sein Leid: Er werde wohl erst nach seiner Pensionierung richtig leben können.

Natürlich sind da auch selbst gemachte Stressfaktoren am Werk: Das Nicht-nein-sagen-Können, wenn es uns zu viel wird, oder die fehlende Zeiteinteilung. Oder dass wir all den Kleinkram des Alltags zu wichtig nehmen. Stress beginnt mit negativen Glaubenssätzen wie „Das schaff ich nicht", „ich fühle mich schlecht", „heute geht wieder alles schief" „ich hab' immer Pech!" Solche Sätze erfüllen sich wie von selbst. Und über ihnen verlieren wir die spielerische Seite des Lebens aus dem Blickfeld und den Sinn für Spaß und Humor, der den Stressfolgen am ehesten entgegenwirken könnte.

Die traditionelle chinesische Medizin lehrt, dass Wechselbeziehungen zwischen der verminderten Funktion eines Organs und bestimmten negativen Seelenzuständen bestehen. Sie argumentiert, die Lebensenergie Chi könne nicht mehr ungehindert fließen, wenn die inneren Kräfte Yin und Yang nicht im Gleichgewicht sind. Bestimmte seelische Zustände oder Emotionen fördern das Energiegleichgewicht in unserem Organismus. Andere wieder stören dieses Gleichgewicht. Länger anhaltender Stress im Privatleben wie im Beruf behindert das ausgeglichene Fließen der Lebensenergie. Gefühle von Glück und Harmonie fördern die Energiebalance. Sie stellen das Gleichgewicht leichter wieder her, wenn es gestört wurde. Gestresste Menschen verlieren ihre Lebensenergie und damit den Zugang zu den Quellen ihrer wilden Kraft. Wer sich krank fühlt, wird schnell handzahm, schwach und manipulierbar.

Lebensgewohnheiten

Wer den Kontakt zur Natur aufgibt, vernachlässigt seine wilden Wurzeln. Wir müssten uns wieder als Teil der Natur verstehen. Das ist nicht ganz leicht. Denn die gesamte moderne Zivilisation lebt nicht mehr in Einklang mit der Natur, sondern gegen sie.

Für das Überleben des Menschen in der Natur gibt es bestimmte Grenzen. Der menschliche Verstand erlaubt es, diese Grenzen künstlich ein wenig zu erweitern. Aber indem der Mensch künstliche Lebensbedingungen für sich schuf, zerriss er die Verbindung zur Natur, zu seinen wilden Wurzeln. Er schuf die Illusion, ihm sei alles erlaubt. Diese Selbstüberschätzung bleibt nicht ohne Folgen. Der Organismus, der den Kontakt zu seinen natürlichen Lebensbedingungen verloren hat, wird Opfer zahlloser Zivilisationskrankheiten. Am problematischsten daran ist: Die Menschen erkennen die Ursachen ihrer Erkrankungen nicht im Verlust ihrer Harmonie mit der Natur, in ihrer falschen Lebensweise. Sie sehen in ihren Krankheiten Störungen der inneren Organe, die wie Pannen an ihrem Auto auftreten. Und die Schulmedizin stärkt sie in diesem Denken, indem sie vorgibt, diese Defekte wieder beheben zu können. Mitunter kann sie das tatsächlich leisten. Doch im Allgemeinen ist der Preis hoch, zu hoch. Wo eine Organstörung behoben wurde, entsteht bald eine neue Störung an einem anderen Organ als Folge der Medikamentenwirkung. Gesundheit lässt sich so kaum wieder herstellen.

Leicht unterernährte Tiere leben länger

Falsche Ernährungsgewohnheiten begünstigen den Verlust der Wildheit entscheidend. Forscher fütterten ihre Versuchstiere mit der Nahrung, die amerikanische und deutsche Bürger der westlichen Zivilisation üblicherweise zu sich nehmen. Die Lebenserwartung dieser Tiere sank daraufhin um ein Drittel. Sie starben den elenden Tod durch genau die Zivilisationskrankheiten, denen die meisten Menschen unserer Zivilisation zum Opfer fallen.

Eigentlich interessierten sich die Forscher für das Gegenteil, nämlich wie sich die Lebenserwartung erhöhen lässt. Sie fanden heraus, dass hier vor allem eine Maßnahme positive Wirkung zeigte: Vollwertige Kost, immer leicht unter dem Sättigungsniveau verabreicht, mit zwischendurch eingelegten Hungerperioden, erhöhte die Lebenserwartung der Tiere um ein Viertel.[6]

Nun lassen sich die Ergebnisse von Tierversuche nicht ohne weiteres auf Menschen übertragen. In diesem Falle aber ist das offenbar möglich: Auch bei Menschen zeigte sich eine knappe, aber vollwertige Ernährung mit zwischendurch eingestreuten Fastenzeiten als äußerst wirksame Möglichkeit, das Leben zu verlängern. Dabei ging es nicht nur um das Ziel, eine möglichst hohe Zahl an Lebensjahren zu erreichen, sondern auch die Lebensqualität erhöhte sich deutlich. Konkret bedeutet das: Ein Mensch, der in unserer Gesellschaft eine Lebenserwartung von etwa 70 Jahren hat, kann durch gesunde Ernährung 33 Prozent mehr, also 93 Jahre erreichen. Umgekehrt bleibt ihm aber auch die Freiheit, sich schlecht zu ernähren und auf diese Weise sein Leben um 25 Prozent zu verkürzen. Er erreicht dann nur 53 Lebensjahre. Der Unterschied beträgt immerhin 40 Jahre.

---

6 Chaitow 1994

Das ist rund die Hälfte eines Menschenlebens! Von den Unterschieden in der Lebensqualität zwischen gesund bzw. schlecht ernährten Menschen ist hier noch nicht einmal gesprochen. Dabei ist sie noch weit wichtiger als die Zahl der Lebensjahre. Denn Altwerden allein muss ja kein Segen sein, wenn man auf Grund vielfältiger Zivilisationsleiden nicht mehr in der Lage ist, sich am Leben zu freuen. Gesund ernährte Menschen erleben ihr Alter weit eher bei klarem Bewusstsein und in einem Körper, auf den sie sich nach wie vor verlassen können.

Die Hunzas: Einfache Ernährung hält fit und wild

Wie segensreich eine knappe natürliche Ernährung wirkt, lässt sich am besten an dem sagenhaften Volk der Hunzas darstellen. Dieses Bergvolk lebte noch zu Anfang des 20. Jahrhunderts im Himalayagebirge völlig abgeschnitten von den „Segnungen" der Zivilisation. Auf Grund der kargen Lebensverhältnisse dort oben in den Bergregionen waren die Hunzas in jedem Frühjahr zu einer langen Fastenzeit gezwungen. Sie erfreuten sich bester Gesundheit. Ihr Lebensumfeld war ausgesprochen ungiftig. Falls sich im Körper der Menschen überhaupt Verschlackungen ansammeln konnten, wurden sie jedes Frühjahr durch das Fasten verbrannt. Die Menschen wurden steinalt. Sie erkrankten auch nicht an den typischen Zivilisationskrankheiten. Herzinfarkt, Krebs, Rheuma, Gicht oder Zuckerkrankheit waren bei ihnen ebenso unbekannt wie Allergien oder seelische Störungen wie Depressionen oder Autismus.

Die Hunzas kannten nicht einmal Kriminalität, was natürlich nicht allein an der Ernährungsweise liegt, sondern weit mehr an dem intakten Sozialgefüge, in dem sie lebten. Doch Fasten hat immer auch eine geistig-psychische Komponente. Wer fastet, befreit sich von körperlichen Giftstoffen, aber gleichzeitig damit von seelischen und geistigen Schlacken.

Inzwischen sind Straßen in die abgelegenen Bergregionen der Hunzas gebaut. Auf ihnen erreichten die zweifelhaften Segnungen der Zivilisation selbst die abgelegensten Winkel. Und in Rekordzeit ging dem Bergvolk all das verloren, was es zuvor auszeichnete: Gesundheit, ihre überlieferte religiöse Lebensweise. Moderne Sitten traten, wie überall in der sogenannten Dritten Welt, an die Stelle der alten Riten und Gebräuche. Die west-östliche Misch-Masch-Kultur mit allen ihren verhängnisvollen Folgen setzte sich schnell durch.

Schlechte Ernährung

Übersäuerung und damit fruchtbarer Boden für das ungehemmte Ausbreiten von Pilzen tritt vor allem durch falsche Ernährung auf. Durch sie entstehen die typischen Zivilisationserkrankungen. Zucker und konzentriert Süßes aller Art wirkt sich besonders negativ aus. Süße Brotaufstriche, Marmelade, Honig, Rübenkraut, gesüßte Getreideprodukte wie Kuchen und Kekse, Nahrung aus ausgemahlenem Getreide wie helle Brötchen und Brot aus Weißmehl, gesüßter Quark und Joghurt, süßes Obst, gärfreudige Säfte, alle alkoholischen Getränke wie Bier und Wein, alle zuckerhaltigen Getränke wie Limonaden und Cola sind der Nährboden für chronische Krankheiten.

Gesundheitsschäden im Körper entsteht aber auch durch ein Zuviel an tierischem Eiweiß, wie Fleisch, Fisch, Eier, Käse und Wurstwaren. Die meisten Menschen der westlichen Zivilisation betreiben Eiweißmast. Sie nehmen viel zu große Mengen tierischer Eiweißstoffe zu sich. Dagegen kommen Gemüse und pflanzliche Ballaststoffe in ihrer Ernährungsweise deutlich zu kurz.

Nach Schätzungen von Experten entstehen durch Fehlernährung allein in der Bundesrepublik Deutschland jedes Jahr finanzielle Schäden in Höhe von mehr als 50 Milliarden Euro. Von dem menschlichen Leid, das hinter diesen Schäden steht, ganz zu schweigen. Bei solchen Ergebnissen ist nicht einmal an irgendwelche Vergiftungen gedacht. Erfasst sind lediglich die Folgen durch Gesundheitsschäden auf Grund von Übergewicht.

Im Allgemeinen geht man davon aus, dass der Mensch ungefähr 1200 bis 1700 Kalorien mit der Nahrung aufnehmen muss, um seine Lebensfunktionen im Ruhezustand aufrecht erhalten zu können. Die russische Ärztin und Wissenschaftlerin Galina Schatalowa, bekannt durch ihre Auswahl- und Betreuungsprogramme für sowjetische Astronauten, kommt zu dem Ergebnis, dass gesunde Menschen mit natürlicher Ernährungsweise sogar mit nur einem Viertel, nämlich rund 400 Kalorien pro Tag auskommen. Sie tritt für ihre kühn klingende Behauptung den Beweis an: Mit einer Gruppe ehemaliger Patienten, die unter den verschiedensten Zivilisationskrankheiten wie Diabetes, Bluthochdruck, Herzleiden und Bauchspeicheldrüsenkrebs litten, unternahm sie einen 500 Kilometer langen Fußmarsch durch die Wüste. Die Teilnehmer mit ihrer damals 75-jährigen Leiterin kamen dabei mit einem Minimum an Nahrung und an Wasser aus und fühlten sich dennoch leistungsstark und pudelwohl.

Ähnliches ist aus der Zeit im und nach dem Zweiten Weltkrieg bekannt. Trotz geringer Nahrungszufuhr kamen die heute so weit verbreiteten Wohlstandskrankheiten, wie Herzleiden, Arteriosklerose und Diabetes damals nur äußerst selten vor.

Schon aus der Antike ist überliefert, dass die als ungewöhnlich kampfstark erachteten Krieger Spartas ihre gesamte Tagesration an Verpflegung beim Abendappell bekamen und sie auf ihren Handtellern Platz hatte.

Offenbar ist die Beschaffenheit der Nahrung entscheidend.

Wie die Nahrung beschaffen sein soll? Schon der berühmte Schweizer Arzt Bircher-Benner empfahl, den Wert der Lebensmittel nicht nach ihrer Wärme erzeugenden Fähigkeit zu bestimmen, sondern danach, wie viel sie an Sonnenenergie speichern kann. Dementsprechend teilte er die Lebensmittel in drei Gruppen ein. Zur ersten Gruppe, der wertvollsten, zählte er die Nahrungsmittel, die wir in ihrer natürlichen Form essen: Obst, Beeren, Früchte von Sträuchern, Wurzeln, Salate, Nüsse, Mandeln, Getreidekörner, Kastanien. Zur Gruppe zwei zählen Produkte mit mäßigem Energieverlust durch mäßiges Erhitzen: Gemüse (Blätter, Stängel und Wurzeln), Pflanzenknollen (u.a. Kartoffeln), gekochte Getreidekörner, gekochte Früchte und von den tierischen Lebensmitteln gekochte Milch, junger Käse, Butter und gekochte Eier. Zur dritten Gruppe gehören Lebensmittel mit deutlich abgeschwächter Energie: Pilze, die nicht in der Lage sind, Sonnenenergie zu speichern, reifer Käse, rohes, gebratenes oder gekochtes Fleisch, Fisch, geräucherte und gesalzene Fleischprodukte (u. a. Schinken, Wurst).

Galina Schatalova gab den Teilnehmern an ihren „Expeditionen" ausschließlich frisches Grün, Obst, Gemüse und ganze Getreidekörner zu essen. Ihre Erfahrungen mit dieser Spezialkost waren ausgesprochen positiv.

Für den Anfang einer Umstellung hin zu natürlicherer Lebensweise ist schon ein entscheidender Schritt, die tägliche Nahrungsaufnahme auf eine bis höchstens zwei Mahlzeiten zu verteilen und natürliche pflanzliche Nahrungsmittel möglichst im Rohzustand zu verwenden.

Von seiner Bauart her unterscheidet sich der Mensch sowohl von den Gras fressenden als auch von Fleisch fressenden Tieren. Nach wissenschaftlichen Erkenntnissen gibt es noch eine dritte Gruppe: die Fruchtfresser. Zu ihnen gehört der Mensch. Seine artgerechte Nahrung sind Obst, Beeren, Getreide, Nüsse, Samen, Knollen.

Galina Schatalova berichtet: „Dem Alter nach sollte ich eigentlich daheim sitzen und Socken stricken, aber ich bin ständig in Bewegung. Allein in den letzten vier Jahren durchquerte ich viermal zu Fuß die Sandwüsten des Zentralkarakum und Kysylkum. Mit einer Gruppe von Gleichgesinnten machte ich eine Gebirgswanderung von Naltschik nach Pizunda, bei der wir vier Gebirgspässe überquerten. Wir waren 23 Tage unterwegs, und unsere Tagesration bestand aus 50 bis 100 Gramm Buchweizen und 100 Gramm Trockenfrüchten. In Pizunda trafen wir genauso munter ein, wie wir aufgebrochen waren, während zufällige Weggefährten buchstäblich zusammenbrachen vor Erschöpfung ..."[7]

Bewegung ist das zweite unverzichtbare Element der natürlichen Gesundheit. Der Mensch ist dazu geschaffen, sich zu bewegen, nicht dagegen, starr vor Computern zu hocken.

Als drittes und letztes Element gesunder Lebensweise kommt die Abhärtung hinzu. Jedes Lebewesen, auch der Mensch, hat seine speziellen biologischen Grenzen in seinem Temperaturhaushalt. Die Zivilisation mit ihrem verweichlichenden Einfluss hat diese Grenzen stark eingeschränkt. Das ist keineswegs normal und schadet der Gesundheit, wie allein die verstärkte Anfälligkeit gegen Erkältungskrankheiten zeigt.

Es gibt keinen wirklichen Grund, Hitze und Kälte als besondere Unannehmlichkeiten zu empfinden. Die Kälte sollte unser Freund, unser Verbündeter sein, nicht jemand, vor dem wir Angst haben. Denn sie mobilisiert die Schutzkräfte unseres Körpers, harmonisiert seine Lebenskräfte und fördert die Selbstregulierung. Deshalb lohnt es sich, morgens regelmäßig kalt zu duschen und – nicht nur aus Energiespargründen – die Heizung ein paar Grad niedriger zu drehen.

Indem wir unserem Organismus helfen, seine Fähigkeit zur Selbstregulierung wieder herzustellen, stärken wir sein Immunsystem. Damit versperren wir den Weg für Krankheiten.

Der ideale Ausweg aus dem Teufelskreis der chronischen Zivilisationskrankheiten wäre die Rückkehr zur Lebensweise unserer fernen Vorfahren. Aber die Entwicklung der Menschheit ist ein Prozess, der sich nicht umkehren lässt. Uns bleibt einzig, ihre Richtung zu beeinflussen, damit sie nicht noch ungünstiger verläuft.

---

[7] Schatalowa 2002, 26

Besonders verhängnisvoll ist: Die Verstöße unserer Lebensweise gegen die Gesetze der Natur wirken sich erst nach vielen Jahren oder Jahrzehnten in Form von Gesundheitsschäden aus. Ein unmittelbarer Zusammenhang zwischen den auftretenden Krankheiten und diesen Verstößen ist dann nicht auf den ersten Blick erkennbar. Diese Verstöße sind in erster Linie Stress, Mangel an Bewegung und falsche bzw. zu reichliche Ernährung.

Ein Volk von Gebrechlichen

> „Sich nicht von der Natur zu isolieren, sondern mit ihr zusammenzufließen, nach ihren Gesetzen zu leben, das ist der einzige Ausweg für diejenigen, die wirklich gesund sein wollen."
>
> *Galina Schatalova, russische Ärztin und Wissenschaftlerin, Leiterin der Auswahlkommission für sowjetische Astronauten*

Weltweit stirbt heute jeder zweite Mensch an den Folgen von Durchblutungsstörungen. Allein in Deutschland sind das knapp 600.000 Menschen. Herzinfarkt, Schlaganfall, Bluthochdruck, Nierenerkrankungen und Störungen der Beindurchblutung sind dabei die häufigsten Todesursachen. Herzinfarkt und Schlaganfall fordern Jahr für Jahr rund 300.000 Opfer. Während diese Krankheiten bisher als typisch für alte Leute galten, treffen sie inzwischen zunehmend auch jüngere. Dasselbe gilt für Krebs als die zweithäufigste Krankheit mit tödlichem Ausgang in der gesamten westlichen Welt.

Nach einer im Jahre 2003 veröffentlichten Studie der Weltgesundheitsorganisation (WHO) werden in 20 Jahren die chronischen Zivilisationserkrankungen für drei Viertel aller Todesfälle verantwortlich sein. Das gilt jedenfalls, wenn die Menschen in den Industrieländern nicht ihre Ernährung grundlegend umstellen. Die Forscher schlagen Alarm. Denn Diabetes und Fettleibigkeit treten bei immer jüngeren Menschen auf. Rund jeder Zweite ist verfettet, was auf längere Sicht zu ernsthaften Gesundheitsproblemen führt. Selbst Kinder leiden zunehmend auf Grund ihrer ungesunden Ernährungsweise unter Diabetes. Schon bei Zwanzigjährigen finden sich heute Bluthochdruck und Arteriosklerose.

In den vergangenen vierzig Jahren hat sich die tägliche Kalorienzufuhr in den Industrieländern pro Person um 600 Kalorien erhöht. Das Bedenkliche an diesen Ergebnissen ist dabei noch nicht einmal die höhere Kalorienzahl, sondern die Beschaffenheit der Nahrung: zu viel Zucker, Salz, gesättigte Fette wie sie vor allem in Snacks und Erfrischungsgetränken enthalten sind. Stattdessen fehlen vor allem Obst und Gemüse, die wichtigen Vitalstoffträger. Täglich sollten nach Empfehlung der Ernährungsexperten auf dem Speiseplan mindestens 400 Gramm frisches Obst und Gemüse stehen. Der Mensch ist auf den Verzehr von Gemüse, Obst, Hülsenfrüchten, Körnern, Getreide, Beeren, essbaren Gräsern, Samen, Nüssen und Honig programmiert. Im Stadium des Übergangs zu einer heilkräftigen Ernährung kann man nach Erfahrungen von Dr. Galina Schatalova auch Eier, Fisch und Joghurt essen.[8]

Fünf Lebensjahre verliert jeder Deutsche im Durchschnitt wegen seines ungesunden Lebensstils. 75 Milliarden Euro werden in jedem Jahr für ernährungsbedingte Krankheiten ausgegeben, meldet der medizinische Fachdienst *Ige*. Doch wo ein Wille ist, da findet sich auch ein Weg. Er besteht in: mehr Bewegung, mehr Obst und Gemüse, weniger Zigaretten, weniger Salz und tierische Fette.

Ein Drittel der 350 000 Krebsneuerkrankungen pro Jahr könnte nach Ansicht von Experten durch einen gesünderen Lebensstil vermieden werden. Genetische Faktoren, Infektionen und Umweltfaktoren sind seltener Ursache für Krebs als

---

[8] Schatalova 2002, 182

falsche Ernährung und Rauchen, sagte der Präsident der Krebsgesellschaft, Klaus Höffken, in Würzburg bei einem Krebskongress.[9]

Die Menschen bei uns sind träge, lustlos. Das Prickeln in der Beziehung zwischen Mann und Frau lässt nach. Kinder zu erziehen ist manchen zu anstrengend. Sie wollen sich nicht einmal mehr vermehren und haben Last mit der Lust. Immer mehr jungen Frauen müssen die Ärzte erst durch Hormonkuren zur Befruchtungsfähigkeit verhelfen. Männer im besten Mannesalter produzieren keine befruchtungsfähigen Samenzellen mehr. Die Bundesrepublik bildet das Schlusslicht, was die Kinderzahl pro Familie betrifft. Die Deutschen sind ein vom Aussterben bedrohtes Volk. Und nicht einmal die Zuwanderer aus fremden Ländern bewahren sie vor diesem Schicksal.

Umweltgifte

Gifte unterschiedlichster Art schwächen unsere Lebenskraft. Seit mehr als 30 Jahren weisen Experten auf die Gefahren für die Gesundheit durch Pestizide hin. Die langlebigen Chemikalien verseuchen nicht nur die Natur, sondern sie sammeln sich in bedenklicher Konzentration auch im Körper der Menschen an.

Inzwischen gibt es Untersuchungen an menschlicher Muttermilch und an Körperfettgewebe von Menschen. Sie zeigen, wie bedenklich das Ausmaß der Giftbelastung ist. Wir alle tragen heute schon beachtliche Mengen an langlebigen Chemikalien wie DDT, Dioxine oder polychlorierte Wasserstoffe in uns.

Werdende Mütter geben die Giftstoffe und Schwermetalle bereits an ihre Kinder im Mutterleib weiter. Aus Untersuchun-

---

[9] Westfälische Nachrichten vom 31.03.2003

gen an Tieren ist bekannt, wie schädlich diese Stoffe sind und wie sie sich in manchen Fällen auf unheilvolle Weise gegenseitig in ihrer Wirkung verstärken. Forschungen hierüber stecken noch in den allerersten Anfängen. Wie groß die Bedrohung tatsächlich ist, wird sich erst in einigen Jahren zeigen.

Zu wenig Bewegung

Unser Organismus braucht eine gute Versorgung mit Sauerstoff. Mit wenig Sauerstoff geht der Stoffwechsel nur langsam und träge vor sich. Wer überwiegend eine sitzende Tätigkeit ausübt, muss sich nicht wundern, wenn er immer mehr verschlackt. Die Atmung ist beim Sitzen flacher. Der Organismus nimmt weniger Sauerstoff auf und atmet weniger Kohlensäure aus. Schon wer zehn Minuten pro Tag joggt, atmet die gleiche Menge Kohlensäure aus wie jemand, der den ganzen Tag nur sitzt. Hinzu kommt natürlich die Entschlackungswirkung durch das Schwitzen, die bei sitzender Tätigkeit ebenfalls fehlt.

Säure bildende Nahrungsmittel allein sind noch nicht einmal so verhängnisvoll. Sie liefern immerhin Energie. Aber diese Energie will verbraucht werden. Genau das geschieht durch Bewegung. Fehlt es an Muskelaktivität, so bleibt dem Organismus nichts anderes übrig, als die Säuren einzulagern. Die Verschlackung beginnt. Sie blockiert unsere Lebensenergie.

Freudlosigkeit – die neue Volkskrankheit

Wildheit ist Lebensfreude pur. Doch viele Menschen in den westlichen Ländern scheinen das Lachen verlernt zu haben. Sie hasten beim Einkaufen durch ihre Städte oder auf der Jagd nach Erfolg, dass man meinen könnte, Krieg sei ausgebrochen. Man muss sich nur ihre Gesichter anschauen. Da ist selten gelassene Heiterkeit zu sehen, wie sie in den südlichen Ländern zur Lebensart gehört. Selbst in Ländern der Dritten Welt, wo die Menschen materiell gesehen wahrhaftig keinen Grund zu Lachen hätten, fällt ihre Fröhlichkeit auf. Was ist ihr Geheimnis? Oder anders gefragt: Warum fällt es uns hierzulande trotz immer noch reichlich vorhandenen Wohlstands so schwer, heiter durchs Leben zu gehen?

Viele Menschen klagen darüber, dass sie sich nicht mehr richtig freuen können. Die kleinen Dinge des Lebens, ein Spaziergang in der Natur, eine Blume, ein Baum, ein Sonnenuntergang, eine Begegnung mit Freunden – das alles könne sie im Gegensatz zu früher nicht mehr wirklich begeistern. Der Verlust der Lebensfreude ist Symptom einer Volkskrankheit. In Expertenkreisen trägt sie den Namen Anhedonie. Betroffen ist nach Einschätzung von Wissenschaftlern – zumindest zeitweise – jeder vierte Mann und jede dritte Frau ab 35. Ihre Symptome sind ständige Verzagtheit oder Niedergeschlagenheit – Befindlichkeitsstörungen, die fast als Vorstufe einer Depression erscheinen. Als Hauptursache gelten: Stress, falsche Ernährung, zu wenig Schlaf- und Ruhepausen.

In den USA nimmt man diesen Zustand inzwischen als Krankheit durchaus ernst. „Von der Anhedonie bis zu Lebensüberdruss oder Depressionen ist oft nur ein kleiner Schritt", erklärt Dr. Lynne S. Condoli, Psychobiologin und Spezialistin für Verhaltensstörungen am National Institute of Health in Bethesda (Maryland). Sie empfiehlt: „Deshalb sollten betroffene Personen Warnsymptomen Beachtung schenken, wie etwa chronischer Müdigkeit, ständiger innerer Unruhe, Lustlosigkeit oder Pessimismus. Wer morgens nicht optimistisch aus dem Bett steigt, bei dem hapert es bereits mit der körpereigenen Synthese stimmungsaufhellender Neurotransmitter."[10]

In der Natur ist es so eingerichtet, dass die Lebewesen dem Alltagsstress aktiv und mit frischem Mut begegnen. Nur so

---

[10] Oberbeil 2006, 83 ff.

können sie die Herausforderungen bewältigen. Nur so bleiben Menschen ebenso wie Tiere in ihrem Behauptungskampf erfolgreich. Doch immer mehr Menschen in der modernen Zivilisationsgesellschaft gehen Konflikten aus dem Weg. Sie verhalten sich bei Stress zu passiv und scheitern deshalb in entscheidenden Lebenssituationen, weil ihnen ihre Wildheit gänzlich abhanden gekommen ist.

3. Der wilde Mann und die wilde Frau in den Mythen

Komm, bedecke mich mit deiner Wildheit.

(Aufforderung einer antiken Göttin an ihren Tiergeliebten auf einer Inschrift.)

Wie lebten die Menschen mit ihrer Wildheit in früheren Zeiten? Wer waren der wilde Mann und die wilde Frau? Gab es sie wirklich, oder sind sie Fantasiegebilde, von Menschen erdacht, um ihr Unbehagen an der Zivilisation auszudrücken?

Der Mythos vom wilden Mann hat Wurzeln, die weit in die Geschichte der Menschheit zurück reichen. Nicht nur bei uns, sondern weltweit, in fast allen Kulturen, gibt es mythische Vorstellungen von halbmenschlichen Waldbewohnern und menschenartigen Wesen. Die alten Schriften beschreiben den wilden Mann als einzelgängerischen Urmenschen, der mit Riesenkräften ausgestattet, stark behaart, nackt oder nur mit Moos bekleidet in den Wäldern lebt. Seine Lebensweise galt als halbtierisch und primitiv, andererseits aber auch als paradiesisch und naturverbunden. Sein Lebensraum waren unbewohnte oder unbewohnbare Wald- oder Berggebiete. Halbmenschliche Waldbewohner erscheinen zuerst als Wildleute oder wildes Volk.

In der Antike und im frühen Mittelalter stellte der Mythos vom wilden Mann gleichsam ein negatives Verhaltensmodell dar, das die sexuellen und sozialen Sitten des Einzelnen gefährden konnte, aber auch sein Seelenheil. Die Bedrohung lag in der ungehemmten Lebensart, die man dem wilden Mann zuschrieb. Die Gemeinschaft empfand sie als Gefahr für ihre innere Stabilität.

Die antike Mythologie stellt die verschiedenen Arten wilder Waldgeister durch die griechischen Götter Dionysos und Artemis dar. Bei den Römern entsprachen ihnen Bacchus und

Diana. Sie und die griechischen Satyre und Silene, auch die römischen Waldgeister (Silvani) gehören zu den Ahnen des wilden Mannes. Sie bilden den Randbereich der geordneten Gesellschaft, die Grenze zur Anderwelt.

Vom frühen Mittelalter an traten die „wilden Leute" personifiziert als wilder Mann und als wilde Frau oder auch als wildes Fräulein auf. So finden sie sich auch in zahlreichen künstlerischen Darstellungen auf Bildern und Wandteppichen jener Zeit.

In den alten Texten und Bildern hat der wilde Mann eine symbolische Bedeutung: Er steht für die Natur, die man damals als bedrohlich empfand und überwand, für bestimmte überlieferte Entwicklungsstufen des Menschen. Er gilt aber auch als Symbol für bestimmte, als urtümlich empfundene Charaktermerkmale von Männern. In den Geschichten, die man sich damals in der gesellschaftlichen Oberschicht erzählte, entwickelte sich der wilde Mann von einem Archetyp des Chaos zu einem Symbol für erstrebenswerte charakterliche Eigenschaften. So kommt es, dass der wilde Mann von einer tugendreichen Dame gezähmt werden konnte.

Wilde Männer sind immer menschliche, keine tierischen Wesen. Abgesehen von ihrem Haarwildwuchs und ihrer großen Körperkraft haben sie keine tierischen Merkmale. Sie besitzen keine Bocksfüße wie Pan aus der griechischen Antike, keine Hörner und keinen Tierschwanz. Auf Bildern und in Erzählungen ist der wilde Mann immer barfuß und – im Gegensatz zu den Tieren – mit einem Knüppel oder einem ausgerissenen Baum bewaffnet.

Menschen sind in der Lage, den wilden Mann zu besiegen, wenn es ihnen gelingt, seine gewaltige Körperkraft unschädlich zu machen. Das kann durch sexuelle Verführung geschehen, ebenso durch die Tugend einer Frau, durch Zauber, Alkohol, überlegene militärische Fähigkeiten, Waffen, durch List und allerlei wirksame Maßnahmen aus der Trickkiste. Hat man ihn überwunden, kann man ihn einsperren, im Käfig halten wie ein Tier, einen Sträfling oder Irren. Doch dem Geheimnis seiner Wildheit kommt man dadurch nicht auf die Spur.

Später, zu Beginn der Neuzeit, werden die wilden Männer zu Hütern der kostbaren verborgenen Erze. Das geschah in einer Zeit, als die Menschen die letzten, im Mittelalter noch unbewohnten Gebiete erschlossen, um an die Bodenschätze zu kommen, die in wilden, bis dahin gemiedenen Gegenden auf ihre Entdeckung warteten.

Wie zuvor nur Jäger, so begegneten jetzt die Bergleute dem wilden Mann. Sie benannten Gruben, Zechen, ganze Ortschaften nach ihm, wohl um seine Macht zu bannen. Denn nur was man benennen kann, das wird beherrschbar. So kam es, dass man das Motiv des wilden Mannes auf Münzen und in Wappen als Symbol des aus der Natur gewonnenen Reichtums benutzte. Die Mächtigen stellten den wilden Mann in ihr Wappen als Zeichen überwundener Naturkraft, die ihnen nun dient. Wilde Männer auf Herrscher- und Familienwappen, zum Beispiel dem Wappen preußischer und dänischer Könige, stehen für vieles: für ungezügelte Kampfkraft und Wildheit ebenso wie für Naturverbundenheit oder Einsamkeit. Manchmal weist der wilde Mann im Wappen einfach nur auf die Herkunft der Familie aus waldigen Gegenden hin.[11]

Von Wirtshausschildern in Schottland kennt man ihn als „grünen Mann", an einem Fachwerkhaus in Hildesheim frisst er, mit Blättern behängt, kleine Kinder. Und manchmal begegnet er einem Wanderer irgendwo mitten im Wald.

Während das Bild vom wilden Mann ziemlich einheitlich überliefert wird, findet sich die wilde Frau in unterschiedlichen Darstellungen. Da gibt es einen Typ, fürchterlich hässlich anzuschauen, der wohnt in Höhlen, ist riesenhaft groß, behaart und von dunkler Hautfarbe und ähnelt eher einem Bären als einem Menschen. Der Atem dieser Wildfrau stinkt, die Füße haben

---

[11] Hintz 1999, 617ff.

lange Krallen und ihre Brüste werden als gewaltige hängende Taschen beschrieben. Wilde Frauen dieses Grässlich-Typs schrecken nicht nur durch ihr Äußeres ab, sondern sie greifen mit ihrer wüsten Kraft Menschen furchtlos an.

Der zweite Typ der wilden Frau, das schöne wilde Fräulein, ist eher mit den Feengestalten verwandt. Sie ist verführerisch, von starker erotischer Ausstrahlung, doch zugleich höfisch, christlich und in der Heilkunde sehr erfahren. Als Naturwesen weiß sie um die geheimen Kräfte der wild wachsenden Kräuter. Sie hat magische Fähigkeiten und kann in die Zukunft schauen. Wie die serbischen und keltischen Feen herrschen diese schönen Wildfrauen über die Tiere des Waldes und sie sind fähig, sich zu verwandeln. In den steirischen Volkssagen gelten die wilden Frauen als verzauberte Menschen. Sie werden als Wesen mit hohlem Rücken beschrieben, was ihre Verwandtschaft mit Bäumen betont. Auch die Holda der Nachtfahrinnen erscheint von vorn als schöne Frau und hinten als hohler Baum. Die schöne Wildfrau tritt als Helfergestalt auf. Sie stellt sich in den Dienst der Menschen. Allerdings sind im Umgang mit ihr allerlei Tabus und Verbotsregeln zu beachten. Werden sie nicht eingehalten, so verschwinden die hilfreichen Wildfrauen.[12]

Der wilde Mann in den Märchen und Sagen

Zwar ist der wilde Mann in der westlichen Zivilisation nur noch schwer zu finden. Aber auf seine Spuren stoßen wir noch überall, wenn wir nur ein paar Schritte weit in unserer Geschichte zurückgehen.

Die Volkskultur des Mittelalters hat die mythische Gestalt des wilden Mannes begeistert aufgenommen. Das Wilde jenseits der Zivilisationsgrenzen faszinierte die Menschen offen-

---

[12] Habiger-Tuczay 1999, 603ff.

bar schon damals. Dieser Begeisterung verdanken wir viele interessante literarische Überlieferungen, die von ihrer ursprünglichen Faszination auch für moderne Menschen noch immer nichts verloren haben.

Schaut man sich die Literatur über den wilden Mann genauer an, so lässt sich daraus ein sehr konkretes Bild zusammensetzen, wie ihn die Menschen sahen, was er für sie bedeutete und welche Wünsche und Ängste er widerspiegelte.

Dabei fällt auf, dass sich durch die verschiedenen Sagen und Märchen, von den Sumerern bis zu den Brüdern Grimm, manchmal ähnliche Grundmuster finden: Menschen, die sich aus der Zivilisation hinaus in die Wildnis wagen, berichten von Begegnungen mit einem wilden Mann. Teilweise sehen sie ihn auch in Begleitung einer wilden Frau. Der Mann ist nackt, stark behaart und mit übermenschlichen Kräften ausgestattet. Seine Lebensweise erinnert mehr an die eines Tieres. In der Agrargesellschaft sind es Jäger, in der frühen Neuzeit Bergleute, die ihn gesehen haben wollen. Versuche, mit ihm in Kontakt zu treten oder ihn zu fangen, gelingen nicht. Erst besondere Maßnahmen, die bislang noch nie jemand erprobt hat, führen zum Erfolg. Der wilde Mann gelangt in den Einflussbereich zivilisierter Menschen. Doch er gibt sein Geheimnis nicht preis. Dennoch bekommen die Menschen durch ihn etwas Wertvolles. In den neuzeitlicheren Versionen verschafft er ihnen Schätze aus edlem Metall.

Die bekanntesten Geschichten dieser Art sind das antike Gilgamesch-Epos, die Sage von der Gründung der Stadt Wildemann aus dem Harz und das Grimm-Märchen vom Eisenhans.

Der edle Ritter Dietrich von Bern

In den mittelalterlichen Erzählungen vom Ritter Dietrich von Bern trifft der Held auf einen wilden Mann, der einen Zwerg gefangen hat. Der Zwerg ruft Dietrich um Hilfe, weil der wilde Mann ihn töten will. Dietrich kämpft gegen den wilden Mann. Aber mit seinem Schwert kann er dessen Fell nicht durchdringen, denn es wirkt wie eine Rüstung. Schließlich gelingt es ihm mit Hilfe eines Zaubers, den ihm der Zwerg verrät, den wilden Mann zu besiegen. Jetzt gibt ihm der wilde Mann bereitwillig Tipps, wie er seinen Erzfeind, einen Riesen, überwinden kann.

Aus der Sprache unserer Träume wie der Märchen kennen wir dieses Muster: Gelingt es, eine bedrohliche Gestalt zu überwinden, so wird sie zum Helfer auf dem weiteren Weg: ein Lebensgesetz. Vor Gefahren wegzulaufen, hilft nicht. Die Angst holt uns immer wieder ein. Ist sie einmal überwunden, so setzt sie Hilfskräfte frei, die von ungeheurem Nutzen auf dem weiteren Lebensweg sein können.

Die Stadt mit Namen Wildemann

Eingewanderte Bergleute aus dem Erzgebirge gründeten 1529 die Stadt Wildemann im Harz. Sie hatten den Auftrag, für die Welfenherzöge den Bergbau im Harz in größerem Stil aufzunehmen. Der Sage nach trafen sie beim Vordringen in unwirtliche, einsame Gegenden dort auf einen wilden Mann. Versuche, ihn zu fangen, scheiterten. Auch auf Zurufe reagierte er nicht. Schließlich beschossen ihn die Bergleute mit Pfeilen. Sie verletzten ihn so, dass sie ihn fangen konnten. In der Gefangenschaft sprach der wilde Mann nicht. Er wollte auch nicht arbeiten und interessierte sich nur für die Erzlagerstätten. Noch ehe man ihn dem Herzog vorführen konnte, starb er an seinen Verletzungen. An dem Ort aber, an dem der wilde Mann gefangen worden war, fanden die Bergleute große Silbervorkommen. Sie gründeten dort die Stadt Wildemann. Das Stadtwappen zeigt den wilden Mann mit dem Sachsenross, einem bei den Welfen beliebten Wappenmotiv.

Von Simplicissimus bis Robinson

In dem ersten großen Schelmenroman vom abenteuerlichen Simplicissimus des Hans Jakob Christoffel von Grimmelshausen (1668) nehmen Räuber dem langhaarigen, bärtigen und barfüßigen Simplicius unterwegs die Kleidung weg. Nur um sein Geschlechtsteil herum bekleiden sie ihn mit Moos. So führen sie ihn als wilden Mann in Städten und Ortschaften gegen Geld vor und behaupten, sie hätten ihn in der Einsamkeit, fernab von den Menschen, gefangen.

Eine ganz andere Wendung nimmt das Thema vom wilden Mann bei dem britischen Schriftsteller Daniel Defoe in seinem weltberühmten Abenteuerroman „Robinson Crusoe" (1719). Hier entwickelt sich einer, durch Schiffbruch aus der Zivilisation herauskatapultiert, in der Einsamkeit der Natur zurück zum wilden Mann mit allen Konsequenzen, die eine Rückkehr in die Gesellschaft kaum vorstellbar erscheinen lassen.

Der Heilige und die nackte Frau

Die Geschichte des heiligen Johannes Chrysostomos gilt als der berühmteste Mythos aus dem Mittelalter:[13] Da entflieht ein junger Priester aus der betriebsamen Welt. Als Asket und Einsiedler möchte er ein einfaches Leben führen. Im Wald trifft er auf eine attraktive junge Frau, die Tochter des Königs, die Zuflucht suchend nackt durch den Wald irrt. Der Einsiedler hält sie für einen Dämon, der ihn in Versuchung führen will. Beide geben schließlich der Leidenschaft nach. Darüber erschrickt der junge Mönch so sehr, dass er aus Furcht, weiterhin zu sündigen, die junge Frau von einem Felsen in die Tiefe stößt. Aus tiefer Reue wegen seiner Sünden büßt Johannes, indem er als Tier-Mensch in der Wildnis lebt. Nackt, nur von seinem

---

[13] Hinz 1999, 624

eigenen Haarpelz bedeckt, kriecht er auf allen Vieren durch den Wald.

Viele Jahre später fängt ein Jäger ein Wesen, das ihm ein wilder Mann zu sein scheint. Er führt seine Beute vor den König. Dort gesteht der Einsiedler den Mord an der vermissten Prinzessin. Zusammen mit dem Jäger kehrt er an den Tatort zurück, um ihre irdischen Überreste zu begraben. Aber seine extrem asketische Buße hat nicht nur zu seinem Seelenheil geführt. Auf wunderbare Weise bewirkte sie auch die Rettung seines Opfers: Man fand die Königstochter lebend vor. Und sie war noch ebenso schön wie an dem Tag, an dem sie einst in den Wald geflohen war.

Das Besondere an diesem Mythos: Die naturnahe, asketische Lebensführung des wilden Mannes führt hier nicht zu seiner dauerhaften Entfernung von der zivilisierten Gesellschaft. Der Zustand des Andersseins ist auch nicht unwiderruflich, sondern er löst eine persönliche Entwicklung aus. Der wilde Mann beginnt Züge aufzuweisen, die dem Wohl der Gesellschaft nützlich sind und ihn wieder integrieren.

Eisenhans

In den alten Volksmärchen hat der wilde Mann seine Spuren am deutlichsten in der Geschichte vom Eisenhans hinterlassen. Seit Robert Blys gleichnamigem Buch steht sie auf der Hitliste von Männergruppen überall in der ganzen Welt obenan. Das Märchen vom Eisenhans stammt aus der Sammlung der Brüder Grimm, soll hier aber in einer leicht gekürzten Fassung[14] wiedergegeben werden.

Es war einmal ein König, dessen Schloss stand nahe bei einem großen Wald, in dem allerlei Wild lebte. Eines Tages schickte er einen seiner Jäger in den Wald, um einen Hirschen zu erlegen,

---

[14] nach Rohr 2006

doch der Jäger kam nicht wieder. „Vielleicht ist ihm etwas zugestoßen", dachte der König, und am nächsten Tag schickte er zwei andere Jäger in den Wald, um den Vermissten zu suchen. Aber auch sie kamen nicht zurück. Am dritten Tag rief der König alle seine Jäger zusammen und gab ihnen den Auftrag: „Sucht den ganzen Wald ab und kehrt nicht zurück, bis ihr die drei Männer gefunden habt!" Doch wie die drei Jäger vor ihnen, kehrten auch diese Jäger nicht heim. Nicht einmal die Jagdhunde, die sie mit in den Wald genommen hatten, kamen jemals wieder aus dem Wald zurück.

Von diesem Tag an wagte sich niemand mehr in den Wald. Nichts rührte sich dort, nur hin und wieder flog ein Adler oder ein Falke darüber hinweg. Der Wald lag in tiefem, undurchdringlichem Schweigen.

Dieser Zustand dauerte viele Jahre lang, bis eines Tages ein Jäger aus einem fernen Land den König um Erlaubnis bat, in dem Wald nach Wild zu jagen. Der König wusste noch sehr gut, was mit den vermissten Jägern geschehen war, und wollte dem Jäger die Bitte nicht erfüllen. Er sagte zu ihm: „Ich habe große Sorge, dass es dir nicht besser ergeht als den anderen, wenn du in den gefährlichen Wald eindringst, und dass du nicht mehr lebend herauskommst." Darauf antwortete der Jäger: „Majestät, ich kenne keine Angst. Ich werde mich mit Freuden der Gefahr stellen."

Mutigen Schrittes ging der Jäger mit seinem Hund in den Wald. Nach kurzer Zeit nahm der Hund die Witterung eines Hirschs auf und bellte nach dem Jäger, damit der ihm folgte. Der Hund rannte voraus, bis er zum Rand eines Teiches kam, dessen Wasser schien so tief, dass er zögerte, hineinzuspringen. Plötzlich langte ein nackter Arm aus dem dunklen Teich, griff nach dem Hund und zog ihn hinab.

Als der Jäger sah, was geschehen war, lief er zurück zum Schloss und holte drei Männer mit Eimern, um den Teich auszuschöpfen. Viele Stunden arbeiteten sie, und als die dunklen Wasser allmählich ausgeschöpft waren, erblickten sie einen wilden Mann am Grunde des Teiches. Sein Körper war mit Haaren bedeckt, die

die Farbe von rostigem Eisen hatten. Der Jäger und seine Helfer fesselten den wilden Mann mit Seilen und schleppten ihn zum Schloss.

Der Anblick des wilden Mannes löste große Aufregung aus, darum ließ ihn der König in einen eisernen Käfig sperren, der in die Mitte des Schlosshofes gestellt wurde. Er verbot jedermann unter Androhung strenger Strafe, die Tür des Käfigs zu öffnen. Den Schlüssel aber vertraute er niemand geringerem an als der Königin. Von da an konnte jeder wieder gefahrlos in den Wald gehen.

Nun hatte der König einen Sohn von acht Jahren, der spielte eines Tages im Hof mit seinem goldenen Ball. Da fiel ihm der Ball in den eiserenen Käfig. „Gib mir meinen Ball wieder", sagte der Junge. „Nur wenn du mir die Tür öffnest", antwortete der wilde Mann. „Nein", sagte der Junge. „Das wage ich nicht. Der König hat es verboten."

Am nächsten Tag kam der Junge wieder und bat abermals um seinen Ball. Wieder sagte der wilde Mann: „Öffne mir die Tür." Doch der Junge weigerte sich.

Am dritten Tag ritt der König zur Jagd. Sein Sohn ging wieder zum wilden Mann, doch diesmal sagte er: „Selbst wenn ich wollte, ich könnte die Tür nicht öffnen, denn ich habe keinen Schlüssel." Darauf entgegnete der wilde Mann: „Er liegt unter dem Kopfkissen deiner Mutter. Du kannst ihn ganz leicht holen." Als der Junge das hörte, schlug er alle Vorsicht in den Wind, denn er wollte seinen Ball zurückhaben, und so stahl er den Schlüssel.

Rasch kehrte der Junge zum Käfig zurück und öffnete das Schloss. Aber als er die schwere Tür aufzog, klemmte er sich den Finger ein. Sobald die Tür offen stand, sprang der wilde Mann heraus, gab dem Jungen den goldenen Ball und eilte davon. Der Junge bekam es mit der Angst zu tun und rief ihm nach: „Wilder Mann, wenn du fliehst, werde ich bestraft! Bitte lauf nicht weg!" Darauf kehrte der wilde Mann um und kam zurück. Er hob den Jungen auf, setzte ihn auf die Schultern und nahm ihn mit in den Wald.

Wie viele andere Märchen und Mythen, so erzählt auch dieses seine Wahrheit in Symbolen. Tiefenpsychologisch lässt sich ausleuchten, dass alle darin auftretenden Personen und Handlungen als Symbole für Entwicklungsschritte stehen, die sich im Inneren eines Menschen auf seinem Weg zum Erwachsenwerden typischerweise ereignen, oft ohne dass er selbst davon weiß. Märchen sind wie Träume, nicht nur die Träume eines einzelnen Menschen, sondern sie sind die Träume der Völker. Ihre Inhalte stammen aus tief in der Kultur verankerten Schichten, die C. G. Jung und andere als das kollektive Unbewusste bezeichnen. So gesehen geht es in dem Märchen vom wilden Mann um die Wildheit in jedem von uns. Wir können daraus einzelne Schritte ablesen, die wir gehen müssen, um der wilden Kraft in uns zu begegnen und mit ihr umgehen zu lernen.

Wenn alle in dem Märchen vorkommenden Personen einzelne Bestrebungen oder Charakterzüge ein und derselben Person sind, so beginnt das Märchen mit einer merkwürdigen Situation: Da verschwinden Menschen spurlos einfach so. Der König schickt andere Jäger hinterher. Aber auch sie verschwinden spurlos in dem finsteren und unwegsamen Wald. Jäger sind in der Sprache der Märchen und Träume Ausdruck für Vitalität und männliche Kraft. Wenn sie dem König verloren geht, bestünde Grund genug, nach der Ursache für dieses plötzliche Verschwinden zu suchen. Doch der König fragt nicht. Wie so viele Menschen in Krisensituationen will er das Problem nicht sehen. Er verdrängt. Scheinbar ist alles in Ordnung. Doch die unbekannte Gefahr droht weiterhin. Erst mit dem Auftreten des fremden Jägers stellt sich der König der Gefahr. Er beginnt, der Sache auf den Grund zu gehen. Seine natürlichen Instinkte, der Hund und der Hirsch, dem der Hund folgt, leiten ihn bei der Suche. Viele Stunden harter Arbeit beginnen, ehe die Männer den Teich des Unbewussten ausgeschöpft haben und am Grunde des Teichs auf den wilden Mann stoßen. Sein Körper, über und über mit rostfarbenen Haaren bedeckt, erschreckt die Männer. Doch sie fesseln den wilden

Mann und schleppen ihn zum Schloss, wo die Menschen von der wilden Energie des Mannes fasziniert sind. Der König kann mit dieser unkontrollierbaren rohen Kraft nichts anderes anfangen, als sie einzusperren. Den Schlüssel des Käfigs erhält interessanterweise ausgerechnet die Königin, denn sie, die Frau, hat die Macht, diese gewaltige Kraft freizusetzen, aber eben auch sie einzusperren.

Als nächster betritt der achtjährige Prinz die Szene. Acht Jahre – das ist das Alter, in dem die wichtigsten Entwicklungsschritte der Kindheit zu einem gewissen Abschluss gekommen sind. Der Geist erwacht. Das selbständige Denken beginnt. Die heftigen Pubertätsstürme haben noch nicht begonnen. Der Ball gilt in der Sprache der Mythologie und der Träume als Symbol für Ganzheit. Gold ist Symbol für höchste Kostbarkeit, für Ganzheit und Vollständigkeit. Der Junge strebt nach dieser Ganzheit. Der einzige Weg, sie zu erreichen, führt über die Begegnung mit der Kraft des wilden Mannes. Er muss die Kraft des wilden Mannes in sich zulassen. Dass er sich dabei am Finger verletzt, gehört zu diesem Entwicklungsprozess. Der Finger gilt als Phallussymbol. Solche Verletzungen, die Beschneidung zum Beispiel, gehören bei vielen Völkern mit zu den typischen Ritualen, mit denen man Jungen in die Welt der erwachsenen Männer aufnimmt. Die Begegnung mit dem wilden Mann geschieht nie ohne einen gewissen Schmerz. Doch dieser Schmerz ist stets geringer als zunächst befürchtet.

Von Eisenhans erfährt der Junge, dass der Schlüssel zur männlichen Kraft unter dem Kopfkissen seiner Mutter verborgen liegt. In der Tat kann sich die männliche Kraft nicht ohne die Beziehung zum Weiblichen entfalten. Das Weibliche begegnet dem Kind zunächst in der Gestalt der Mutter. Sie legt den Grund zu allem, was später zwischen dem jungen Mann und der Partnerin seiner Wahl geschieht. Hält sie das Kind zu fest, so wird es Schwierigkeiten haben, dem wilden Mann in sich selbst zu begegnen. Immer ist diese Begegnung mit Angst vor Strafe verbunden. Ein Tabu muss gebrochen werden.

Der Junge auf den Schultern des wilden Mannes bildet mit ihm eine Einheit. Beide verschmelzen bis zu einem gewissen Grade. Dabei erhält der junge Mann die Energie vom wilden Mann, die ihm sein Vater nicht geben konnte. Zusammen gehen sie in den Wald, an einen geheimen Ort, in die Zurückgezogenheit, dorthin, wo Initiationen seit alter Zeit stattfinden. Der Junge wird gestärkt in die Welt zurückkehren, um neue Abenteuer zu bestehen.

Manchmal endet die Geschichte vom Eisenhans hier. Bei den Brüdern Grimm geht sie noch weiter. Der Junge muss den Brunnen der Reinheit bewahren. Als Gärtner hat er den Schlosspark des Königs – und damit innere Seelenanteile – zu hegen und zu pflegen. Dabei muss er sein Goldhaar, das Symbol der Reife, verstecken, damit niemand es sieht. Und er muss, unvollkommen mit einem dreibeinigen Pferd ausgestattet, in den Kampf ziehen. Am Ende gewinnt er die Königstochter. Und immer wieder hilft ihm Eisenhans, der wilde Mann, indem er ihm mit Rat und Tat zur Seite steht und ihn mit all den Kräften ausstattet, die ein junger Mann braucht, um erwachsen zu werden und das Leben zu bestehen.

Mit einem Buch über dieses eine Märchen vom Eisenhans hat der amerikanische Schriftsteller Robert Bly vor fast zwei Jahrzehnten so exakt den Nerv der Zeit getroffen, dass sich daraus fast die gesamte Männerbewegung in den Vereinigten Staaten entwickelte. Sie brachte dort das spirituelle Bewusstsein der Männer und ihr Rollenverständnis einen entscheidenden Schritt voran.

Mythen verändern sich

Im Spätmittelalter verändert sich der Mythos vom wilden Mann. Ab dem 14. und 15. Jahrhundert gewinnt er an positiven Zügen. Sie stehen im Gegensatz zu der als dekadent und verfallen empfundenen spätmittelalterlichen Gesellschaft. Die

Sehnsucht nach einer neuen Zeit, nach „dem einfachen Leben“ entsteht. In ihr finden der wilde Mann und die wilde Frau als bewunderte Gestalten ihren Platz. Motive vom wilden Mann und der wilden Frau finden sich verstärkt auf Familienwappen. Sie zeigen die Anziehungskraft, die von dem Wilden ausgeht. In volkstümlichen Fastnachtsumzügen ebenso wie auf höfischen Maskenbällen, überall treten verkleidete wilde Männer reichlich auf. Im Alpenraum haben sich Wildmännertänze bis heute in der Gegend von Oberstdorf im Allgäu erhalten. Mit Tannenbärten verkleidete Männer aus alteingesessenen Familien tanzen dort zu urtümlich wilder Musik teilweise akrobatische Tanzfiguren. Beim so genannten *Schleicherlaufen* im österreichischen Telfs treten wilde Männer mit Flechten behangen und mit hässlichen Masken vor dem Gesicht mit langer Nase, Warzen und buschigen Augenbrauen seit dem 16. Jahrhundert bis heute auf. Sie üben bei dieser Veranstaltung die Funktion einer Art Ordnungshüter aus. In Italien gibt es *il selvaggio,* der in ein Laub- und Fellkostüm gekleidet einen Kinderschreck darstellt.

Bei reichen Bürgern, vor allem im schweizer und im süddeutschen Raum, waren Wandteppiche mit Darstellungen von Wildleuten sehr bliebt. Die Straßburger Frauen, so ist überliefert, nannten ihre Männer scherzhaft „wild“, um deren besondere Männlichkeit herauszustreichen.[15]

In der Gastronomie ist der wilde Mann häufiger Namensgeber von Gaststätten und Hotels, vor allem wenn sie am Rand von Gebirgen oder früher unzugänglichen Waldgebieten liegen.

Im Kolonialzeitalter half der Mythos vom wilden Mann bei der Auseinandersetzung mit fremden Kulturen. Einerseits dämonisierte er die „Wilden“. Auf der anderen Seite schuf er das Bild des edlen Wilden, der in Einklang mit der Natur in einer intakten Gemeinschaft lebt – im Gegensatz zur deka-

---

[15] Habiger-Tuczay 1999, 611

denten zivilisierten Gesellschaft mit ihrem Werteverfall – ein Versuch, die Menschlichkeit in der eigenen Gesellschaft zu stärken oder sie wiederzugewinnen. Der Wilde wusste nichts von Gott. Deshalb kannte er keine Sünde. Er lebte seine Impulse frei und ohne verkrümmende Schuldgefühle. Mit dem wilden Mann verbanden die Menschen die Vorstellung von ungezügelter Sinnlichkeit. Der wilde Mann war nicht böse, kein Dämon, sondern eine Naturkraft, die mit ungeheurer Stärke auftreten und die natürliche, rohe Sinnlichkeit eines brünstigen Tieres an den Tag legen konnte.[16] Der Wilde Mann war das heidnische Symbol, das am stärksten mit sexuellem Genuss, erotischer Leidenschaft, eben mit „Fleischeslust" verbunden war. Er lebte seine Natur. Dabei trug er keine dämonischen Züge.

Die wilde Frau kam im Mythos des Mittelalters nicht so gut weg. Sie konnte einer Dämonisierung nicht entgehen, die schließlich in den Hexenverbrennungen ihren schrecklichsten Ausdruck fand.

Andererseits berichtet die Literatur jener Zeit immer wieder auch von wilden Frauen, die magische Wurzeln bei sich tragen, mit deren Hilfe sie Kranke heilen und Leben retten können. Ebenfalls einen sehr positiven Stellenwert räumen die Dichter der Renaissance den Wildleuten beiderlei Geschlechts ein. Bei Hans Sachs (1494–1576) – kühn und ketzerisch – repräsentieren sie den verloren gegangenen paradiesischen Zustand des Menschengeschlechts.[17] Und unter den Sagen aus Tirol sind viele, in denen wilde Frauen den Menschen wertvolle Helferdienste leisten. In St. Andrä bei Brixen hat einer eine wilde Frau in seinen Diensten gehabt. Sie hat ihm immer gesagt, wann es Zeit ist für die Aussaat, weil „ein guter Wind geht", oder wann säen sinnlos ist, weil das Wetter nicht mitspielt.

---

[16] Hintz 1999, 621

[17] Hans Sachs: Klage der wilden Holtzleut

Wie es mit der Liebe zu den Wildfrauen steht? – Zwingen kann man sie zu gar nichts, nicht einmal zum Tanzen auf einem Dorffest. Trotzdem haben sie oft eine Liebesbeziehung zu einem Bauern, oder sie heiraten sogar einen. Aber alle Sagen enden damit, dass die schöne Wildfrau feengleich wieder verschwindet. Fast immer ist der Grund, dass der Menschenmann ein Tabu gebrochen hat, welches von Anfang an als feste Bedingung für den Bestand der Beziehung vereinbart war. Oft sind selbst Kinder aus solchen Beziehungen hervorgegangen. Doch die wilde Frau nimmt sie mit in ihre Welt. Keine einzige Geschichte ist überliefert, wo sie ihm treu bleibt bis in den Tod.

Wildfrauen haben keinen Respekt vor der Ehe anderer Leute. Manchmal haben sie eine Beziehung mit einem verheirateten Mann. Die Ehefrau geht dem Gatten nach, wenn er sich mit der wilden Frau in einer Almhütte trifft. Das Haar der Wildfrau hängt zum Fenster heraus bis zum Boden, während sie ihn in der Hütte liebt. Die Ehefrau hebt das Haar auf. Da entflieht die Wildfrau unter Schmerzensgeschrei.

In alter Zeit gewann man Macht über einen Menschen, wenn man seinen Namen kannte. Die Wildfrauen dulden nicht, dass jemand Macht über sie gewinnt. Sie sind keine keuschen Jungfrauen. Doch sie gehören keinem Mann. Wildfrauen lassen sich nicht binden und nicht zivilisieren. Sie stammen aus einer Zeit vor der Zivilisation, bevor der Fluch der Arbeit über die Menschen kam.[18]

Alle Erinnerung an die alten Zeiten ist in den Menschen vorhanden. Sie haben nichts wirklich vergessen. In den Sagen, den Märchen, alten Bräuchen lebt sie fort. Nur: Wir verstehen unsere Erinnerung oft nicht mehr, so wie wir unsere Träume nicht mehr verstehen. In jeder Kultur gibt es Geschichten vom goldenen Zeitalter, vom verlorenen Paradies, vom Schlaraffenland, Erinnerungen an eine Zeit, als der Mensch nicht arbeiten

---

[18] Auer/Wolfsgruber o.J.

musste, weil die Erde ihm alles schenkte: Die Zeit der Sammlerinnen und Jäger.

Mythen-Neuschöpfungen, Pop-Mythen

Wenn wir wissen wollen, wie sich das Bild des wilden Mannes in der neueren Zeit verändert hat, brauchen wir nur einen Blick auf die Literatur dieser Zeit zu werfen. Sie spiegelt uns alles Wichtige wider, was die Menschen in dieser Zeit denken und empfinden. Auch der Kontakt zu ihren wilden Wurzeln lässt sich wie in einem Spiegel ohne allzu viele dunkle Stellen und Verzerrungen erkennen.

In der amerikanischen Literatur ist der Nobelpreisträger Ernest Hemingway (1899–1961) wohl der bedeutendste Schriftsteller, der sich in seinen Romanen und Erzählungen immer wieder mit der Sehnsucht des Mannes nach Ursprünglichkeit und Wildheit in einer domestizierten Welt auseinandersetzt. Seine Helden scheitern fast durchweg an ihrer Wildheit. In der Erzählung „Der alte Mann und das Meer" trotzt ein Fischer der wilden Natur im Kampf gegen das Meer den größten Fang seines Lebens ab. Doch das Meer holt sich die Beute zurück, Schritt für Schritt, Angriff für Angriff, wild, nicht zu bändigen. Hemingways Helden sind wilde Männer, Machos. Häufig finden sie nur im Tod die Vereinigung mit dem Wilden. In der Erzählung „Das kurze glückliche Leben des Francis Macomber" zum Beispiel erlischt das Leben eines Mannes ausgerechnet in dem Augenblick, in dem er seine Angst vor der Wildheit überwunden hat. Fast entsteht der Eindruck, als ob Hemingway auf solche Weise seinen eigenen Selbstmord literarisch vorweggenommen hat.

Eine einfachere, aber weitverbreitete Idealgestalt des wilden Mannes findet sich in dem Pop-Mythos von Tarzan. Er verkörpert den wahrscheinlich bekanntesten Wildmann des 20. Jahrhunderts. Der amerikanische Schriftsteller Edgar Rice

Burroughs gab 1912 mit dieser schnell weltweit berühmten Identifikationsfigur seiner tiefen Sehnsucht nach Rückkehr zu einem ursprünglichen Leben in der Wildnis Ausdruck. Bei ihm sind es Affen, die den Findling im Dschungel seines Fantasie-Kontinents Afrika aufziehen. Tarzan wird zum ungebrochenen Herrscher des Dschungels. Er tritt seinen unvergleichlichen Siegeszug durch die Medien an. Aus Fortsetzungsromanen entstanden Comics und Filme, immer wieder Filme, einer erfolgreicher als der andere. Tarzan ist der moderne Mythos des wilden Mannes, die Inkarnation einer Traumgestalt für Generationen von Jugendlichen.

Eher für Erwachsene, aber von ähnlich weittragender Bedeutung ist die archaische Gestalt des Kapitän Larsen aus dem Abenteuerroman „Seewolf". Autor ist der Amerikaner Jack London (1876–1916), der zu den großen Abenteuerschriftstellern gehört. Er war selbst Seemann, Goldsucher, Landstreicher, dann Journalist, und schrieb über die Wildheit, wie er sie selbst in seinem Leben erfahren hatte. Sein Romanheld aus dem „Seewolf" ist ein wilder Mann, ein Gewaltmensch, der seine Gesetze selbst schafft. Abscheu erregend bewirkt er doch zugleich Faszination für zivilisierte Normbürger. Der Seewolf-Roman ebenso wie die ihm folgenden zahlreichen Verfilmungen waren unvergleichbare Welterfolge.

Die Sehnsucht nach einem ursprünglichen, wilden Leben schuf etliche volkstümliche Mythen. Während Tarzan Triumphe feierte, sahen intellektuellere Autoren die Sehnsucht nach wilden Wurzeln eher als Ausgangspunkt für tragisches Scheitern. Kiplings Mowgli aus seinem „Dschungelbuch", der von Wölfen aufgezogene Menschenjunge, ist im Grunde eine weitere Tarzanvariante. Sie führt hin zu Goldings „Herr der Fliegen". Der Jäger verkommt zum Schlächter. Aus dem edlen Tarzan wird die Killermaschine Rambo – Bilder negativer Wildmänner. Erst „Der mit dem Wolf tanzt" zeigt wieder eine positive Bewertung des wilden Mannes. Wieder stößt sie in ihrer Verfilmung auf ungewöhnlich starke Resonanz rund um die Welt.

Um 1990 kehrt der wilde Mann in neuer Gestalt in die Kinos zurück. Zum ersten Mal im 20. Jahrhundert in einer Gestalt, die sich selbst versteht. Die bewusste Suche nach ihren Wurzeln ist von einem Prozess der Selbsterkenntnis begleitet. Nach dem historischen Roman des Amerikaners Michael Blake schuf Kevin Kostner den Film „Der mit dem Wolf tanzt". Er selbst spielt in diesem Film die Titelrolle, in der ein auf eigenen Wunsch während des amerikanischen Bürgerkriegs in den „wilden" Westen" versetzter Leutnant Kontakt zum ursprünglichen Leben findet und damit Zugang zum Archetyp des Wildmannes. Er vergisst darüber die Zivilisation und sie ihn – scheinbar. Bis sie ihn am äußersten Ende der zivilisierten Welt umso schockierender doch noch einholt.

Fast zeitgleich mit diesem Film und seiner Romanvorlage erscheinen Sachbücher zum Thema Wildmann, Robert Blys „Eisenhans" und als weibliches Gegenstück dazu Clarissa Estés „Wolfsfrau".

Der Poet Robert Bly versucht, ein Vakuum zu füllen, auf das der Psychoanalytiker Alexander Mitscherlich mit seinem Buch „Auf dem Weg zur vaterlosen Gesellschaft" schon in den 60er Jahren hingewiesen hatte: die Abwesenheit einer positiven Vaterfigur in den meisten Familien der westlichen Industrienationen. Er findet eine Leere in der Seele der Männer, die es ihnen nicht erlaubt, ihr volles Entwicklungspotential auszuschöpfen. Wenn der Vater fehlt, dann sind die Schwierigkeiten vorprogrammiert, den Zugang zu den männlichen Kräften der eigenen Psyche zu finden.

Anhand der Interpretation des Eisenhans-Märchens entwickelt Bly einen Initiationsweg, der dem klassischen Modell der Psychologie entsprechen soll. Die ersten beiden Phasen beschreiben die Bindung und Trennung, zuerst im Umgang mit der Mutter, später mit dem Vater. Darauf folgt die Phase, in der eine Vatergestalt als Mentor in das Leben des heranwachsenden jungen Mannes treten muss. Sie wird als eine Art Lehrzeit erlebt auf dem Weg zur Begegnung mit der kraftvollen

Energie. Der wilde Mann verkörpert diese Energie. Dann erst ist der Weg frei für die Hochzeit, die Vereinigung mit dem Archetyp der heiligen Frau oder der Königin.

In einem Interview aus dem Jahr 1987 bedauert Bly, dass in der westlichen Welt den Männern nur noch Christus „als initiatorische Kraft und zentraler Mythos geistiger Wandlung" bleibt. Von ihm aber werden längst nicht alle Formen männlicher Energie angesprochen.[19]

Die von Robert Bly geforderte Begegnung mit den „inneren Wesen" ist eng verwandt mit der Archetypenlehre C. G. Jungs. Doch Bly will keine Psychoanalyse, sondern eine Art rituelle Heilung, wie wir sie bei den Schamanen der verschiedensten Kulturen finden, die Wesen aus einer anderen Welt in ihren Heilungsprozess einbeziehen. Sein Ziel ist nicht, der wilde Mann zu sein, sondern mit dem wilden Mann in Kontakt zu treten.

Natürlich gibt es in der Romanliteratur und in Filmen auch moderne Mythen von wilden Frauen. An erster Stelle ist da Scarlett O'Hara zu nennen, die Wildfrau aus einem der größten Bestseller in der Geschichte der US-amerikanischen Literatur. Der Roman „Vom Winde verweht" erschien 1936. Schon in den ersten vier Monaten nach Erscheinen waren mehr als eine Million Exemplare verkauft. Doch das war erst der Anfang. 1939 folgte die Verfilmung unter den Titel „Gone with the Wind". Sie gilt bis heute als der erfolgreichste Film aller Zeiten.

Wie lässt sich dieser beispiellose Erfolg erklären? – Die Heldin, Scarlett O'Hara entspricht exakt dem Mythos der wilden Frau, die gegen alle Konvention lebt, bedingungslos liebt, ohne Rücksicht, ob sie andere Beziehungen zerstört, dabei todesmutig ihren Weg geht, kämpft, scheitert und niemals aufgibt.

---

[19] Görden 1992, 18, 19

Sie ist Diana, die wilde Göttin der Jagd, die Umherstreifende, die Jägerin. Ein Happy End im Ehehafen lässt sich da nicht erwarten und ist von der Autorin Margaret Mitchell auch nicht vorgesehen. Scarlett ist ein Mythos, mit dem sich die Menschen zu allen Zeiten identifizieren, überall auf der Welt.

Carmen aus der Novelle von Prosper Merimée ist eine ähnlich wilde Frau. Richtig berühmt wurde sie erst durch George Bizets nach ihr benannten Oper: eine Wildfrau, die ausschließlich ihrem Herzen folgt, ihre Partner in den existenziellen Ruin treibt, selbst aber mit gleicher bedingungsloser Ausschließlichkeit liebt und lebt und bereit ist, notfalls dafür auch mit ihrem Leben zu bezahlen.

Und dann gibt es da noch das Blumenmädchen Eliza aus der 1914 uraufgeführten Komödie „Pygmalion" von George Bernard Shaw. Zu Weltruhm kam sie erst durch das Musical „My Fair Lady", uraufgeführt 1956: Ein absoluter Hit Jahrzehnte lang an den Theatern der ganzen Welt. Erzählt wird darin der Versuch eines Professors, ein ungebildetes, aber schönes und temperamentvolles Mädchen aus der Gosse zu einer Dame der Gesellschaft zu domestizieren. Der Mythos vom Aschenputtel steckt dahinter, oft kopiert, fast immer ein Riesenerfolg, zuletzt in dem Filmhit „Pretty Woman" mit Julia Roberts und Richard Gere. Pygmalion geht übrigens ebenfalls auf einen antiken Mythos zurück. Darin verliebt sich ein sagenhafter bildhauernder König in eine von ihm selbst geschaffene Statue, die seinen Idealvorstellungen der Frau entspricht. Gottgleich schuf er sie nach seinem (inneren) Bild. Ein Macho.

Eliza in „My Fair Lady" ist durch und durch Wildfrau. Ihr Professor behandelt sie äußerst ruppig und eher wie ein Tier, das er dressiert, als einen Menschen. Eliza kocht vor Wut, aber sie erlernt kultivierte Sprache und „höfische Sitten", selbst wenn ihr Probelauf in der feinen Gesellschaft daneben geht, als sie beim Rennen im piekfeinen Ascot das von ihr favorisierte Pferd mit den Worten anfeuert: „Lauf schneller oder ich streu dir Pfeffer in den Arsch!" Ein Skandal. Eliza sitzt zwischen allen Stühlen: Für eine Blumenfrau ist sie nun zu fein, für eine feine Dame fehlt ihr das Geld. Während sich in „My Fair Lady" aus dem Experiment eine Liebesbeziehung entwickelt, bleibt Elizas Liebe in Shaws „Pygmalion" unerwidert. Das Happy End schien Musical-tauglicher zu sein. Der Broadway und die ganze Welt feierten einen beispiellosen Erfolg ihrer Wildfrau.

Frauenwildheit: Wolfsfrauen

Geschichten können heilen. Beim Zuhören oder beim Lesen nehmen wir die Erfahrungen der handelnden Hauptpersonen auf, als ob es unsere Erfahrungen wären. Wir freuen uns mit ihnen. Und wir leiden mit ihnen. Es ist, als wären wir unmittelbar von ihren Siegen und Verlusten betroffen. „Wenn wir eine Geschichte über einen Wolf hören, gehen wir selbst noch eine Zeitlang wie ein Wolf durch die Welt und nehmen sie mit wolfsähnlichen Sinnen wahr", schreibt die Psychoanalytikerin Clarissa Pincola Estés. Sie ist eine großartige Geschichtenerzählerin. Wie auch die Jung-Analytikerin Verena Kast und andere mit „empathischer Magie" arbeitende Therapeuten setzt sie ihre Geschichten gezielt so ein, dass sie den Problemkreis aufbrechen, in dem ihre Klientinnen und Klienten jeweils gefangen sind. Bei den Heilern ihrer Tradition bedeutet das, sich eine Zeitlang vom Ego zurückzuziehen und in ganz einer anderen Realität aufzugehen. In ihr sind andere, außergewöhnliche Erfahrungen möglich. Einsichten, die man so gewonnen hat, lassen sich dann in die alltägliche Wirklichkeit einbringen.

Geschichten sind Medizin: „Immer wenn ein Märchen erzählt wird, wird es Nacht", sagt Estés. Ganz egal an welchem Ort, ganz egal zu welcher Zeit, ganz egal zu welcher Jahreszeit, das Erzählen von Geschichten bewirkt, dass ein Himmel voller Sterne und mit einem weißen Mond über das Dach herauf kriecht und über den Köpfen der Zuhörer verweilt. Manchmal ist das Zimmer am Ende der Geschichte vom anbrechenden

Tag erfüllt, ein anderes Mal bleibt eine Sternenscherbe zurück, manchmal der ausgefranste Faden eines Gewitterhimmels. Und was immer dabei zurückbleibt, ist ein Schatz, mit dem man arbeiten muss, den man auf dem Weg zum Seelen-Machen gebrauchen muss ..."[20]

Clarissa Estés Buch über die Wolfsfrau ist für Frauen geschrieben. Es zeichnet die unterschiedlichen Stationen nach, die eine Frau auf ihrem Weg der Begegnung mit der wilden Frau durchläuft. Das bedeutet aber keineswegs, dass es nicht zugleich ein Buch für Männer ist. Männer und Frauen begegnen auf ihrem Entwicklungsweg den gleichen archetypischen Gestalten, eben nur aus der Sichtweise des anderen Geschlechts. Die Berührung mit den eigenen wilden Wurzeln ist für Frauen nicht ohne wilde Männer und für Männer nicht ohne wilde Frauen denkbar. Alles andere bleibt bruchstückhaft unvollständig und führt zu einseitigen Verzerrungen. Der Typ des Softie und der maskulin überbetonten Emanze sind solche Zerrbilder.

Emanzipation gelingt, wie die Vergangenheit gezeigt hat, nicht gegen das andere Geschlecht, sondern nur mit ihm zusammen. Männer können sich nicht entgegen der Frau entwickeln und Frauen nicht gegen den Mann. In Kontakt zu ihrer vollen Lebenskraft können Männer nur treten, wenn sie ihre weibliche Seite erkennen und annehmen. Und Frauen können dieses gleiche Ziel nur dann erreichen, wenn es ihnen gelingt, ihre männliche Seite zu integrieren.

Bei Märchen, Mythen und Sagen haben wir es mit archetypischer Energie zu tun. Sie ist Lebensenergie. Sie belebt uns. Allein das Lesen archetypischer Texte führt zur Begegnung mit unseren wilden Wurzeln und gibt uns wilde Kraft.

---

[20] Estés 1993, 520

4. Wildheit heute leben

Der Wunsch nach Orientierung

> Die Wildnis, von der die moderne Zivilisation immer sehnsüchtiger träumt, ist nichts anderes als die Sehnsucht, zur eigenen Natur zurückzukehren.
> *Sylvia Koch-Weser/Geseko von Lüpke*

Noch niemals zuvor in der Geschichte der Menschheit gab es eine solche Fülle von Informationen, die zur Lebensbewältigung beherrscht werden müssen. Noch niemals zuvor war das Angebot an erlernbarem Wissen so groß wie in unserer Zeit. Und noch niemals haben sich die Menschen hilfloser gefühlt und weniger geborgen. Die Fülle des angebotenen Faktenwissens hilft ihnen nicht bei der Bewältigung ihrer wichtigen Lebensfragen. Die großen Religionen geben ihnen nicht die Antworten, nach denen sie suchen.

Die Reaktionen der Menschen in dieser Situation sind unterschiedlich. Manche begnügen sich mit dem lernbaren Wissen und Können. Sie richten sich in der äußeren Welt ein. Andere wollen mehr. Ihr Ziel ist, inneres Wachstum zu erreichen. Sie fragen nach Kontakt mit überirdischen Kräften, nach einem Weg zu mehr Glück, das sie geben können. Auf diesem Weg hilft ihnen jenes Wissen, das an den Bildungseinrichtungen der westlichen Kultur, an Schulen und Universitäten, nicht gelehrt wird. Der Psychoanalytiker Karlfried Graf Dürckheim (1896–1988) spricht von initiatischem Wissen.[21] Gemeint ist die Weisheit der Menschen, die über den Tag hinaus gilt, das Wissen eines Laotse zum Beispiel, das heute so gültig ist wie zu seiner Zeit. In den östlichen Kulturen vermitteln es die Meister.

---

[21] Dürckheim 1992, 303

Die Suche nach den Meistern

Der Meister ist der Weise, in dem das Leben nicht nur als lebendige Kraft vorhanden ist, sondern ihn auch zu einer anderen, intensiveren Qualität des Menschseins befähigt. Zugleich verfügt er über die Fähigkeit, eine solche Entwicklung auch in anderen Menschen auszulösen. Der Meister ist in den östlichen Kulturen auch der Gelehrte, allerdings nicht im Sinne eines Wissenschaftlers. Sein Interesse gilt dem Wissen, das über den Verstand hinausgeht. Er weiß um die verborgenen Gesetze des Lebens, die geheimen Dinge. Er kennt den Ursinn der Bilder.

Doch solche Meister sind in der westlichen Welt selten geworden. Vielleicht war C.G. Jung ein Meister bei uns im Westen. Auch im Osten wird es immer schwerer, die Spreu vom Weizen zu trennen. Allerlei Pseudo-Gurus mischen sich unter die Weisheitslehrer.

Wer unter den Erziehern, Ärzten und Priestern hat denn in seiner Ausbildung etwas über den inneren Meister erfahren? Selbst die Therapie unserer Zeit ist bislang eher eine pragmatische Heilkunst, die sich mit dem Leiden an der Unfähigkeit befasst, den Forderungen des Lebens in der Welt zu begegnen. Sie alle können als Meister andere vielleicht ein Stück auf ihrem Weg begleiten, wenn sie sich selbst ihrer Entwicklung und Erfahrung bewusst geworden sind.

Der Meister ist ein Archetyp. Wir brauchen ihn nicht in Indien oder Tibet zu suchen. Es gibt einen inneren Meister. Er ist in uns. Und es ist möglich, den Kontakt zu ihm aufzunehmen, indem wir in Kontakt zu unseren inneren Bildern treten. Das kann in unseren Träumen geschehen, in den Wachträumen ebenso wie in den nächtlichen Träumen. Das ist möglich, indem wir den verschiedensten Archetypen in uns begegnen, dem wilden Mann, der wilden Frau, dem König, der Königin, dem Krieger, dem Liebhaber wie der Liebenden, dem weisen Mann, der weisen Frau und wie sie alle heißen. In der Begegnung mit ihnen treffen wir auf unseren inneren Meister in seinen unterschiedlichen Erscheinungsformen. Der Meister ist im wilden Mann ebenso wie im König, in der wilden Frau ebenso wie im Krieger oder im Archetyp des weisen Mannes.

Wer sucht nach dem Meister? Oft sind es junge Menschen, die sich auf die Suche begeben. Sie haben bislang nie an etwas geglaubt und eher antireligiös gelebt. Doch plötzlich ist etwas in ihr Leben getreten, das sie in die Knie zwingt und ihnen zugleich neue Horizonte öffnet. Sie erleben den Einbruch von etwas Neuem, das sie zutiefst berührt und sie nicht mehr loslässt. Oft sind es Menschen, die ihren kirchlichen Glauben aufgegeben haben. Nun spüren sie, dass da in ihrem Leben etwas fehlt. Oft sind es auch alte Leute, die zu lange an den vordergründigen materiellen Dingen oder an Machtpositionen festgehalten haben. Und nun spüren sie, dass alles noch einmal ganz anders werden würde, wenn sie loslassen könnten. Manchmal sind es Menschen, die sich das Leben nehmen wollten. Unmittelbar vor Eintritt ihres Todes erlebten sie sich losgelöst von ihrem Ich und erfahren ihr „neues" Leben als eine unglaubliche Chance, mit der umzugehen sie erst lernen müssen.

Auch gestandene Männer aus der Wirtschaft oder Politik erleben an der Grenze eines Zusammenbruchs Seltsames, das sie nicht einordnen können und das sie nicht mehr loslässt. Zunächst trauen sie ihrer inneren Stimme nicht, die ihnen sagt: „Das ist es, worauf es eigentlich ankommt!" Sie scheuen sich, über diese Erfahrung zu sprechen. Als Tatmenschen wollen sie nicht gern für Spinner gehalten werden. Doch eines Tages suchen sie nach jemandem, der sie versteht und ihnen weiterhilft. Oft sind es heute auch Priester, die sich ihr Leben lang unermüdlich um die ihnen Anvertrauten gekümmert haben. Und plötzlich sind sie wie ausgetrocknet. Sie können nicht mehr beten. Manche werden krank, weil sich das Leben in ihnen staut. Aggression oder Depression breiten sich aus. Bei mir selbst war es eine Operation an durchgebrochenem Blinddarm, die mich im Alter von 27 Jahren fast das Leben gekostet hätte und nach schwerer Krise zu einer völligen beruflichen und persönlichen Umorientierung führte. Es sind Grenzsituationen, in denen vollkommen unerwartet etwas Neues in das Leben hereinbricht und alles Bisherige über den Haufen wirft, so dass man fassungslos nur noch vor Trümmern steht. Doch dann fragt man nach dem Meister. Wenn die Not am größten ist, findet man ihn. Eine eigenartige Erfahrung: Not erzeugt ihre Helfer. Friedrich Hölderlin drückt das in einem Vers so aus: „Wo aber Gefahr ist, wächst das Rettende auch." Manchmal kommt die Antwort von jemandem, der selbst gar kein Meister ist. Manchmal kann der Nächste, unerwartet, unser Meister sein, wenn wir ihn nur in der geeigneten Weise rufen. Und wenn er nicht von außen kommt, so begegnen wir dem Meister in unserem Inneren. Wir betreten einen neuen Raum, der das eigentliche, uns zugedachte Leben öffnet. Die Neuorientierung beginnt.

Die Sehnsucht nach dem einfachen Leben

Der eigenen Wildheit begegnen heißt auch nach dem einfachen Leben suchen. Die Sehnsucht der Menschen nach dem einfachen Leben ist uralt. Wer einfach lebt, ist der Natur nahe – und damit seinen wilden Wurzeln. Einfaches Leben bedeutet immer auch, ohne Luxus auszukommen. Schon bei den Spartanern stand Einfachheit hoch im Kurs. Das galt nicht nur beim Essen und Trinken, sondern auch für die Fähigkeit, Entbehrungen und Schmerzen zu ertragen und seinen Körper und seine Gefühle unter Kontrolle zu halten. Dieses Ideal lebte im alten Preußen wieder auf. Die preußischen Könige fühlten sich als oberste Diener des Staates und als Vorbilder für das Volk. Friedrich Wilhelm war sparsam bis zum Geiz. Im Vergleich zu anderen Fürstenhäusern aß man am preußischen Hof ausgesprochen dürftig. Manchmal bekamen die Prinzen und Prinzessinnen nicht einmal genug, um satt zu werden. Ganz Europa staunte, teils amüsiert, über die extrem schlichte Lebensweise preußischer Diplomaten und Offiziere.

Ähnlich wie in Preußen ist auch das Ideal des britischen Gentlemans von Einfachheit geprägt. Da wird nicht geprotzt. Mehr sein als scheinen ist das britische wie das preußische Ideal.

Die Nazis knüpften an die preußischen Traditionen an und erhoben sie zur pervertierten Bürgertugend. Hitler, selbst Vegetarier mit soldatisch einfachem Lebensstil, verzichtete auf Privatleben und Dienstgehalt. Er lebte die negative Seite des archetypischen wilden Mannes in extrem fanatischer Form. Seine maßlos aggressiven Wutausbrüche waren selbst bei den engsten Mitarbeitern gefürchtet.

Zu allen Zeiten gab es aber auch einzelne Menschen, die Wildheit lebten und sie in einfachen Lebensformen fanden. Als Asketen waren sie in ihrem Denken und Handeln radikal. Sie stellten die Autorität des Staates in Frage, lehnten Familienbindungen und erst recht die Arbeit gegen Lohn als Zwang ab. Dabei wollten sie den Staat keineswegs umkrempeln. Doch die Herrschenden verfolgten ihre Verzichtsideen mit Misstrauen. Sie witterten Unrat und Aufruhr.

Diogenes, der Grieche, der im Fass lebte, war so einer. Als Alexander, der große Herrscher, zu ihm kam, um ihm jeden Wunsch zu erfüllen, soll er nur gesagt haben: „Geh mir aus der Sonne!“ Kein Angebot des Mächtigen konnte ihn locken.

Die heilige Elisabeth von Thüringen (1207–1231) war eine andere radikal Wilde. Sie lehnte das höfische Leben ab und wohnte zum Entsetzen ihrer vornehmen Verwandtschaft teilweise in einem Schweinestall. Dabei kam Elisabeth aus feinsten Kreisen. Ihr Mann, Landgraf von Thüringen, war Reisegefährte Friedrichs II. gewesen. Seine Frau Elisabeth aß zusammen mit den Armen im Marburger Spital aus einer Schüssel, duzte sich mit Leuten, die sonst vor einer Fürstin im Staub knien. Sie kleidete sich wie die Armen und trug ein Gewand aus lauter angesetzten Stücken und aufgesetzten Flicken, das rundum buntscheckig aussah. Schon ihren Zeitgenossen muss dieses Kleid bemerkenswert wild erschienen sein. So erzählen am Ende die Volksmärchen von Allerleihrau, dem Mädchen, das einen Mantel aus tausenderlei Fellflicken zusammengesetzt trägt, Gesicht und Hände mit Ruß schwärzt und im Palast in einem Stall unter der Treppe lebt. Elisabeth könnte Modell gestanden haben für dieses wilde Märchenmotiv.

Auch Franz von Assisi, ein radikal Wilder aus vornehmem Hause, verstößt gegen alle guten Sitten: Seinem Vater wirft er öffentlich die Kleider vor die Füße und steht nackt vor ihm und zahlreichen Passanten: Ein Skandal.

Selbst Buddha, der aus vornehmem Hause stammte, brach radikal alle sozialen Bindungen zu seiner Familie ab. Lange ehe er zu lehren begann, lebte er unter einem Baum.

„Wir brauchen dringend ein paar Verrückte – seht nur, wohin uns die Normalen gebracht haben!“, ist der Kommentar des Spötters George Bernard Shaw (1856–1950) zu derartigem Treiben.

Die edlen Wilden

Irgendwann musste zwangsläufig der Zeitpunkt kommen, an dem die Europäer das Grausen vor ihrer eigenen Zivilisation packte. Kriege immer wieder, bis zu dreißig Jahre andauernd, Hungersnöte, Seuchen, Krankheiten und diese maßlose Raffgier. Aus der Sehnsucht nach dem verlorenen Paradies entwickelte sich die Utopie vom edlen Wilden: Tahiti galt als Ziel aller Wünsche. Das angenehme Klima, die unerschöpfliche Fruchtbarkeit der Natur dort, die ausgeglichene Freundlichkeit der in aller Einfachheit lebenden Eingeborenen, das alles zusammen prägte bis ins 20. Jahrhundert hinein das Idealbild einer Lebensführung, die der westlichen Zivilisation bei all ihrem Kämpfen um Besitz, Geltung und Fortschritt schlichtweg abhanden gekommen war.

Die Forderung „Zurück zur Natur" reicht tief in die Wurzeln unserer Kultur zurück. Jean Jaques Rousseau beschrieb 1750 einen naturhaft wilden Urzustand, aus dem die Menschen durch den Schadenseinfluss von Gesellschaft und Wissenschaft herausgefallen sind: eine These, die damals ungeheures Aufsehen erregte. In der Erziehung wirkte sie bis weit in die Neuzeit hinein.

Ungefähr einhundert Jahre später baute sich der amerikanische Philosoph Henry David Thoreau eine Blockhütte in den kanadischen Wäldern und lebte dort zwei Jahre lang völlig abgeschieden, um „sich selbst auf den Grund zu gehen". Sein veröffentlichtes Tagebuch aus dieser Zeit beeinflusste wie kein anderes Buch Generationen von Menschen bei ihrer Suche nach einem alternativen Lebensstil. Thoreau blieb ein radikaler Wilder, auch nach seiner Rückkehr in die Zivilisation. Er verweigerte dem Staat zur Kriegführung benötigte Steuerzahlungen aus Gewissensgründen und ging für seine Überzeugung ins Gefängnis. Sein Buch „Von der Pflicht des Ungehorsams gegen den Staat" beeinflusste Gandhi auf seinem Weg des gewaltlosen Widerstands, mit dem er die englischen Kolonialherren ohne Blutvergießen aus dem Lande trieb. Die französische Résistance bezog während der deutschen Besetzung viel Kraft aus diesem Buch. Es ließ sich daraus ein „Recht auf zivilen Ungehorsam" ableiten, das selbst die DDR-Machthaber ins Stolpern brachte und den Atomkraftgegnern bei ihren Demonstrationen argumentative Hilfe gab.

Die Wandervögel der zwanziger Jahre, die Hippies der 60er, sie alle suchten nach neuen Formen des einfachen Lebens in der Natur. Sie trieb es dorthin, wo die Heuschreckengesetze des Kapitalmarktes nicht gelten. Sie wollten arbeiten, um zu leben, und nicht umgekehrt. Ob es sie nach Indien, ins Tessin, in die Toskana oder nach Gomera zog: Ihr Ziel war, einfacher zu leben, menschlicher, mit mehr Zeit für sich selbst und für andere.

Hermann Hesse (1877–1962) war einer der berühmtesten wilden Frühaussteiger. Er führte zeitweise ein sehr einfaches

Leben in einer Bretterhütte hoch oben in den Schweizer Bergen. Über diese Zeit schreibt der Dichter, dass er die Einsamkeit kennen gelernt hat und auch die Not: „Ich bin zum ursprünglichen Leben zurückgekehrt und habe meine eingeschlafenen Instinkte erwachen sehen."

Alternative Landgemeinschaften

Gemeinschaften mit hervorragendem Kontakt zu ihren wilden Wurzeln gibt es reichlich. Über den sagenhaften Findhorn-Garten hoch oben im Norden Schottlands, direkt im rauen Küstenklima, haben Experten viel gerätselt. Zahlreichen veröffentlichten Berichten zufolge sollen die Begründer dieses Gartens in einer besonderen Beziehung zur Natur stehen und mit Devas, Elfen und Naturgeistern zusammenarbeiten. Landwirtschaftsexperten fanden keine Erklärung für die außergewöhnlichen Zuchterfolge von Gemüsesorten und Blumen dort. Paul Hawken, der selbst ein Jahr lang in Findhorn gelebt hat, berichtet: *„Ich habe in meinem ganzen Leben noch nie so etwas gesehen. Das ist ein Reichtum von Farben und Arten, wohin man auch sieht. Jede Pflanze scheint ihre Vollkommenheit erreicht zu haben. ... Es ist die letzte Woche im September, doch die Blumen leuchten in einer Farbenpracht – auf den Breitengraden nördlich von Moskau und Teilen des US-Bundesstaats Alaska. Die Rosen stehen in voller Blüte, die Kosmeen 1,80 Meter hoch, und Hummeln, trunken von Nektar, taumeln um den purpurroten Mauerpfeffer. ... Wo immer ich meine Hand in den Boden steckte, stieß ich unter 5-8 cm Komposterde auf Sand ... bisher war noch keine wissenschaftliche Autorität in der Lage, das Phänomen Findhorn zu erklären."*[22]

---

[22] Hawken 1985, 35f.

Bewegungen „Zurück zur Natur“ gab es in bunter Vielzahl auch um die Wende zum 20. Jahrhundert. Vegetarier zogen damals als Siedler aufs Land, um ihren Acker zu bebauen. Sie wandten sich ab von dem „durch die Kultur verdorbenen Stadtleben“ und bildeten neue Lebensgemeinschaften. Sie gründeten Genossenschaften, betrieben Obst- und Gemüseanbau, aber auch Kulturstätten, Schulen, Ateliers, Feierhäuser, Ferienheime. Der Aufbruch der Lebensreformer war weit mehr als nur ein Feldzug für eine gesunde Lebensweise. Die Gartenstadtbewegung entstand. Sie sollte Stadt- und Landkultur einander näher bringen und der Trennung von Kopf- und Handarbeit entgegen wirken.

Mit der vegetarischen Obstbaukolonie „Eden“ bei Oranienburg gründeten die Landreformer die allererste Landkommune unserer Zeit – auf unfruchtbarem Schwemmsand. Sie karrten gewaltige Mengen Mist in Kahnladungen herbei, bis die nötige Humusschicht entstand und auf ihr ein blühender Obstgarten. „Eden“ produzierte Obst und Gemüse und belieferte die Reformhäuser mit Marmelade, Säften, Gelee, Pflanzenfleisch und Pflanzenmargarine. Das Unternehmen gedieh. Das Familien- und Genossenschaftsleben stand ganz unter dem Motto Gesundheit, Abhärtung und Einfachheit. Verkauf von Alkohol und Tabakwaren gab es auf dem 440 Hektar großen Siedlungsgelände nicht. Auch Kinos, Wettbüros und ähnliche Vergnügungsstätten gab es nicht. Die meisten der dort lebenden Kinder hatten noch nie in ihrem Leben einen Betrunkenen gesehen.

Bis in die zwanziger Jahre hinein entstanden ungefähr drei Dutzend unterschiedliche Lebens- und Siedlungsgemeinschaften, unter ihnen auch einige besonders erfolgreiche Frauensiedlungen: Loheland, mit einer Frauenschule und Schwarzerden in der Rhön. Dort betrieben junge Lehrerinnen einen Bauernhof. Sie genossen Vertrauen und hohes Ansehen durch ihren Mut, durch gekonnte Landarbeit und nachbarschaftliche Hilfsbereitschaft, selbst in der Krankenpflege.

Die Reformpädagogik und die bis heute noch aktive Landschulheimbewegung entwickelten sich aus diesen Zurück-zur-Natur-Gemeinschaften.

Öko-Pioniere heute

Gegen Ende des 20. Jahrhunderts waren es eher einzelne Unternehmerpersönlichkeiten, die sich auf ihre natürlichen Lebenswurzeln besannen. Sie wandten sich von der Massentierhaltung und Fließband-Fleischproduktion ab. Von Großunternehmern entwickelten sie sich zu Biobauern.

Da ist der Öko-Pionier Karl Ludwig Schweisfurth, der sein Fleischimperium verkaufte, weil ihn die Massentierhaltung erschütterte. Seine Söhne waren nicht bereit, das Unternehmen weiterzuführen. Sie hatten andere, ökologische Vorstellungen. Der Vater lernte. Er begriff, dass er sich auf einem Irrweg befunden hatte und begann sein Tun zu hinterfragen. Das Ergebnis: 1986 gründete er die Herrmannsdorfer Landwerkstätten. Dahinter steht eins der erstaunlichsten Pionierunternehmen der ökologischen Landwirtschaft, gegründet von dem ehemaligen Eigentümer von „Herta Wurstwaren", dem größten Fleischverarbeitungskonzern Europas. Von dem Geld, das er für den Verkauf seiner Firma bekam, steckte er 15 Millionen in eine Stiftung, die ökologische Projekte förderte. Er kaufte ein großes Hofgut in Herrmannsdorf südöstlich von München, das er zu einem ökologischen Musterbetrieb ausbaute. Er begann, Landwirtschaft, Verarbeitung und Vertrieb miteinander zu verbinden, alles natürlich auf streng ökologischer Basis. Daraus entstand, wie die Zeitschrift „Focus" im Sommer 2006 schreibt, „die Revolution von Herrmannsdorf". Neben der Landwirtschaft mit Getreideanbau und Bio-Schweinezucht richtete Schweisfurth eine Gärtnerei ein, eine Bäckerei, eine Metzgerei, eine Käserei, eine Brauerei, ein Wirtshaus und einen Hofladen. Filialen in und um München kamen hinzu. Immer mehr Landwirte aus der Region, die bereit waren, ökologisch zu wirtschaften, fanden sich in dem Netzwerk Herrmannsdorf zusammen. Eine Biogasanlage, Solarzellen und ein Windrad decken den Energiebedarf fast ausschließlich aus eigener Kraft. Das Unternehmen setzt inzwischen 12 Millionen Euro pro Jahr um. Der finanzielle Erfolg scheint gesichert.

Ein weiterer Unternehmer, der seine Wurzeln entdeckte und lebt, ist Günther Fielmann, bekannt als Brillenkönig oder auch als „Robin Hood der Fehlsichtigen" (so nannte ihn die FAZ). Er verkauft Brillen zum Billigtarif und verdiente damit ein Vermögen. Aber sein Herz gehörte von Kindheit an dem Landleben. Er kaufte das Gut Lütjensee in Stormarn. Für ihn war von Anfang an klar, dass er hier ökologisch wirtschaften würde: ohne Gift, ohne Kunstdünger und ohne Massentierhaltung. Er züchtet dort alte Haustierrassen, die vom Aussterben bedroht sind. Drei weitere Höfe kamen hinzu. Fielmann rief ein mit 10 Millionen Euro ausgestattetes Forschungsprogramm ins Leben, das von der Kieler Universität betreut wird. Man erforscht dort neue Anbauverfahren, die den Bio-Landbau insgesamt voranbringen können. Untersucht wird auch, welche Veränderungen sich in Boden und Wasser, in Pflanzen und bei Tieren durch die Umstellung von herkömmlicher auf ökologische Landwirtschaft ergeben. Das Erstaunliche: Seine Biohöfe schreiben, trotz aller Unkenrufe der traditionellen Landwirte, inzwischen schwarze Zahlen. Doch Fielmann wäre nicht Fielmann, wenn er sich mit dem Erreichten schon zufrieden gäbe. Sein Ziel ist: Biolebensmittel billiger anzubieten. Dazu will er Produktion, Verarbeitung und Vertrieb enger vernetzen. Er plant, eine Kette eigener Bioläden in Norddeutschland einzurichten.

Nicht jeder Ausstieg geschieht aus wirtschaftlichen Motiven. Aber was sind dann die Beweggründe? Ist der Rückzug aufs Land ein Ausweichen vor den Schwierigkeiten, die unsere Zeit mit sich bringt? Oder lässt sich Stadtmüdigkeit als Suche nach einer heilen Welt zwischen den Trümmern der Zivilisation verstehen? – Die Gründe der Aussteiger sind unterschiedlich. Manche von ihnen empfanden ihre Arbeit als entfremdet und unerträglich. Andere wieder störte die Lebensweise, zu der sie ihr Beruf zwang: „Verdienen, kaufen, verdienen und wieder kaufen; in der Stadt leben, ewig umgeben von Waren und Werbung und geschminkten toten Dingen; Natur nur noch als höhnisches Zitat erleben: Revalreklame und pinkelnde Hunde; für die wichtigsten Bedürfnisse Nahrung, Kleidung, Obdach, Gesundheit nicht mehr schöpferisch selber sorgen, sondern vermittelt über Bankschalter und Dienstleistungsmarkt." So beschreibt Rüdiger Dilloo, erfolgreicher Redakteur der Wochenzeitschrift *Die Zeit* seine Ausstiegsmotive. Er nahm Ende der 70er Jahre seinen Hut und zog mit einer Gruppe gleichgesinnter junger Leute auf einen niederbayrischen Bauernhof.

Für den wilden Ex-Zeitredakteur war das Leben in der bayrischen Landkommune noch längst nicht Endstation. Jahre später las ich, dass er den Sommer mehrmals hintereinander als Käser auf einer Schweizer Alm zugebracht hatte. Wie auch immer sich sein Leben danach weiter entwickelt haben mag: Dass er jemals wieder hinter den Schreibtisch einer Großstadtredaktion mit all ihrer Hektik zurückkehrt, scheint schwer vorstellbar.

Das „wilde" Leben braucht Mut. Nicht jeder würde es aushalten, aus sämtlichen Bindungen herauszufallen wie ein Vogel aus dem Nest. Doch der Kontakt zu den eigenen wilden Wurzeln lässt sich auch in vorsichtiger Dosierung herstellen. Ein erster Schritt kann sein, sich bewusst zu werden: Ich bin dem Konsumzwang, der Dauerberieselung und der versteckten Manipulation nicht länger hilflos ausgesetzt. Ich bestimme selbst, was mit meinem Leben geschieht. Ich bin in der Lage, jeden Augenblick in meinem Leben bewusst wahrzunehmen und zu genießen.

Bilder und Symbole als Orientierungshilfen

Ein anderer Weg zur eigenen Wildnatur führt über die Welt der inneren Bilder. Wir sind von einem Meer von Bildern umgeben. An ihnen orientieren wir uns, bewusst oder unbewusst. Sie sagen uns, wie wir leben wollen oder leben sollen. Bilder und Symbole geben uns Vorstellungen von unseren Idealen, die uns leiten. Sie sind überall, in uns und um uns. Und einige von ihnen haben eine uralte Geschichte.

Manche Bilder haben für jeden Menschen eine andere, höchst persönliche Bedeutung. Archetypen dagegen sind Bilder, in denen sich unsere Seele mitteilt und auf die sie anspricht. Sie haben grundlegende Gültigkeit für alle Menschen zu allen Zeiten und in allen Kulturen. Solche archetypischen Bilder melden sich manchmal von sich aus, zum Beispiel in Nachtträumen. Aber man kann sie auch hervorlocken durch meditative Wachträume und durch Rituale.

Was sich auf einer archetypischen Ebene abspielt, berührt unser ganzes Handeln. Sind die archetypischen Bilder um uns gesund, so sind auch wir gesund. Verfallen die Archetypen, so zerfällt auch unsere Kultur. Der Psychoanalytiker C. G. Jung hat als Erster auf ihre enorme Bedeutung für unser Leben hingewiesen.

Woher stammen die Archetypen? Wir wissen bis heute noch längst nicht alles über sie. C. G. Jung selbst hat darauf hingewiesen, dass sie einer grundlegenden Untersuchung bedürfen. Nur so viel ist sicher: Es handelt sich bei ihnen um grundlegende Erfahrungsmuster, die im Leben der Menschen immer wiederkehren, unabhängig davon, in welcher Kultur diese Menschen leben. Gespeichert sind sie im kollektiven Unbewussten der Menschen.

Das gespeicherte Wissen der Menschheit hält sich lange. Dennoch kann es verblassen und sich verändern in gleicher Weise, wie sich auch unsere persönlichen Gedächtnisinhalte verändern. Wissen, das wir nie abrufen, vergessen wir leichter.

Oder unser Gedächtnis verändert gespeicherte Erinnerungen mit der Zeit, indem es belastende Gedanken „entschärft" oder sie in Form von „Wunschdenken" verändert.

Ähnliches geschieht mit dem archetypischen Wissen. Archetypische Bilder drücken sich in zeitgemäßer Form aus, manchmal ohne ihren Inhalt zu verändern. Mitunter verändert sich aber selbst ihre inhaltliche Bedeutung. Zum Beispiel geht der Archetyp des brustbehaarten Macho-Mannes bis zu den Heldengestalten der Antike wie Herkules oder Aeneas zurück. Der moderne Archetyp des Wissenschaftlers im weißen Kittel findet sich schon in den alten Göttern der Weisheit wie Apollo.

In der neueren Zeit vollzieht sich in der Bedeutung der Archetypen aber auch allgemein ein Wandel, der uns alle betrifft. Ungefähr ab 1800 zeigte sich, dass das bis dahin in unserem Kulturraum bestehende Ungleichgewicht zugunsten von allem Männlichen zu bröckeln begann. In der Zeit der Romantik entwickelte sich als Gegengewicht eine Bewegung, die alles Natürliche schätzte. Das Weibliche, die Welt der Gefühle, der Kunst und Musik gewann an Bedeutung. Bis sich mit den rasanten Fortschritten in Wissenschaft und Technik das männliche Ungleichgewicht wieder zurückmeldete und am Ende über das Ziel hinausschoss. Die Atombomben von Hiroshima und Nagasaki, gefährliche Reaktorunfälle wie in Tschernobyl, sterbende Wälder, Klimakatastrophen, in all dem zeigt sich immer deutlicher, dass der männliche Macho-Archetyp überbetont und außer Kontrolle geraten ist. „Wir können nicht mehr an den >brusthaarigen Macho-Mann< glauben, an >Papi weiß alles<, an den >Wissenschaftler im weißen Kittel<, an die >Friede-Freude-Eierkuchen-Partei<, an den >romantischen Boheme-Künstler in der Dachstube<, an den >verantwortungsvollen Manager<", benennt John Rowan den Wandel.[23] Den Frauen ist es vielleicht am eindrucksvollsten gelungen, dem Macho-Wahn-

---

[23] Rowan 1992, 348

sinn die Maske vom Gesicht zu reißen, auch wenn es ihnen nicht immer bewusst gewesen sein mag, dass sie auf archetypischer Ebene arbeiten.

Sie haben erreicht, dass Idole bröckeln. Wie haben sie das erreicht? Gekämpft haben sie, ohne Zweifel. Aber sie haben vor allem erkannt, dass die Göttin kein abstraktes Idol ist. Jede Frau ist Göttin. Die Göttin in der Frau zu achten ist eine Alternative zu männlichem Chauvinismus. Die Göttin wohnt gleich nebenan. Man begegnet ihr beim Einkaufen, beim Joggen, im Kino, im Theater – oder einfach, wenn man als Frau in den Spiegel schaut.

Archetypische Leitbilder für Leute von heute

Welchen Platz gibt es für den Mann in einer Welt, in der sich die Frauen die Macht nehmen? Und wie sollte ein Mann beschaffen sein in einer Welt, in der die Frauen nach den Schaltstellen der Macht greifen?

Die Macht mit Zähnen und Klauen zu verteidigen, bringt Krieg. Der Kampf zwischen Mann und Frau ist lange genug geführt worden, erbittert und verzweifelt. Die Emanzipation der Frau gegen den Mann kann letztlich nicht gelingen. Ebenso wenig wird die Emanzipation des Mannes gegen die Frau zum Erfolg führen, solange dabei Verlierer auf der Strecke bleiben. Emanzipation von Mann und Frau kann nur gemeinsam geschehen, in Kooperation, indem beide Geschlechter sich in ihrer Entwicklung gegenseitig stützen und fördern. Die persönliche Entfaltung des Mannes kann nicht gelingen, wenn sie auf Kosten der Frau geschieht. Umgekehrt gilt das Gleiche: Die Entfaltung der Frau gelingt nur dann, wenn nicht Unterdrückung des Mannes ihr Preis ist.

Der Feminismus der siebziger Jahre des 20. Jahrhunderts hat offenbar zu stark auf die Gleichheit von Mann und Frau gesetzt. Heute treten moderne Feministinnen dafür ein, dass Frauen sich wieder auf ihre Mütterlichkeit besinnen und dafür bessere Möglichkeiten bekommen, Beruf und Muttersein zu verbinden. Zu nennen sind hier etwa die norwegische Feministin und Politikerin Janne Haaland Matlary und die deutsche Bildungsreferentin und Supervisorin Linda Jarosch. (Beide sind Mütter, die eine von vier, die andere von drei Kindern). Die Politiker werden sich solchen Forderungen öffnen müssen, ob es ihnen passt oder nicht. Der dramatische Geburtenrückgang zwingt zum Handeln, weil er die Existenz ihrer Völker bedroht. Mit Recht weisen die Frauen darauf hin, dass mit einem größeren Anteil ihrer Geschlechtsgenossinnen an friedenserhaltenden Operationen deren Erfolg besser gelingen würde. Zwischen Frauen besteht gerade was Kriege und Kriegsfolgen angeht, auf Grund ihrer größeren Nähe zu allem Lebendigen ein Einverständnis, das Männer natürlicherweise nicht haben können.[24] Würden Frauen die Geschicke der Völker stärker lenken, so gäbe es wahrscheinlich weniger dieser wahnwitzigen Vernichtungskämpfe zwischen Nationen, vielleicht mehr Zickenkriege, doch deren Folgen sind überschaubarer.

Der Macho hat ausgedient. Aber wie wünschen sich die Frauen den neuen Mann? Starhawk, Diplompsychologin, bekannte Feministin und laut „Spiegel" einzige wirklich ernst zu nehmende moderne Hexe, beschreibt den neuen Mann so:

„Er ist nur schwer zu begreifen, weil er in keines der erwarteten Klischees passt. Er deckt sich weder mit den Vorstellungen vom Mann als >Macho< noch mit den umgekehrten, in denen der Mann ganz bewusst nach Effemination strebt. Er ist sanftmütig, zärtlich und voller Zuspruch, aber er ist auch der Jäger. Er ist eine sterbliche Gottheit – aber sein Tod steht immer im Dienst der Kraft des Lebens. Er ist ungebändigte Sexualität im Sinne einer tiefen, heiligen, verbindenden Kraft. Er ist die Kraft des Gefühls und das

---

[24] Matlary 2001, 183; Jarosch/Grün 2005, 45f.

Symbol dessen, was Männer sein könnten, wenn sie von den Zwängen einer patriarchalischen Kultur befreit würden."[25]

Starhawk greift zurück auf das archetypische Bild des gehörnten Gottes, das aus dem keltisch-germanischen Raum stammt. Sie entwirft ein Bild des neuen Mannes. Für sie symbolisiert der gehörnte Gott die innere Kraft und Potenz, die weit mehr als nur sexuell ist. Er verkörpert das ungeteilte Selbst, in dem der Verstand nicht vom Körper und der Geist nicht vom Fleisch getrennt ist. So können beide Seiten ihre kreative und emotionale Kraft voll entfalten. Der gehörnte Gott ist ungebändigte Kraft des Lebens. Aber er bleibt im Lebenszyklus, innerhalb des Machtbereichs der Göttin. Sie ist die Garantie dafür, dass es nicht zu einem Rückfall ins Patriarchat kommt.

Der gehörnte Gott steht stellvertretend für starke, positive männliche Eigenschaften, die sich aus tiefen natürlichen Quellen in uns ableiten. Sein Bild könnte helfen, all die Gewalt und emotionalen Verkrüppelungen zu überwinden, von denen fast alle Männer in unserer Gesellschaft betroffen sind. Nach der in unserer Gesellschaft üblichen Vorstellung sind Männer immer stark, das bedeutet, sie sind gut gepanzert und unverletzlich. Verletzbar zu sein würde für den Mann bedeuten, seinen Panzer abzulegen. Er wäre dann nach seiner Vorstellung schwach und weiblich. Der gehörnte Gott ist gleichzeitig stark und verletzlich. Er verändert seine Gestalt und vereinigt Stärke und Verletzlichkeit zugleich. Als Herr des Wassers ist er in der Lage, bis in die tiefsten Schichten des Unbewussten hinabzusteigen und das Leben in seiner männlichen und weiblichen Form zu verstehen. Er ist der Herr des Tanzes. Der Tanz verkörpert die Spirale des Lebens. Er ist der gesellschaftliche und persönliche Wandel, dem wir alle in unserem Leben unterworfen sind.

Der gehörnte Gott ist ein Archetyp. In Ritualen versuchen Menschen mit ihm in Kontakt zu treten. Bilder und Rituale sind

[25] Zit. nach Rowan 1992, 343

Hilfen, nicht mehr und nicht weniger. Natürlich wäre es ideal, ohne solche Hilfen auszukommen. Aber die wenigsten Menschen können ohne Bilder und Symbole leben. Wir brauchen offenbar etwas wie ein Ideal, an dem wir uns in unserem Leben orientieren können. Alfred Adler ging von einer „Leitfunktion" solcher Ideale aus. C. G. Jung sprach davon, dass archetypische Bilder uns zeigen, was wir sein könnten oder was wir sind. Durch sie erfahren wir, ob wir uns auf unserem Weg befinden, ob wir „auf dem richtigen Dampfer" sind.

Ob wir es wissen oder nicht, ob wir damit einverstanden sind oder nicht: Jeder von uns befindet sich irgendwo auf diesem Weg. Auf diesem Pfad geht es lebendig, aber nicht sehr systematisch zu. Manchmal bedeutet jeder Schritt nach vorn, in Widerspruch mit bisher Gegangenem zu geraten, das in Ehren zu halten ist, sich von alten Vorstellungen loszusagen, wer und was wir sind. Perspektiven, die uns weit und ergiebig erscheinen, werden plötzlich klein und eng. Und manchmal geht es auf diesem Weg zu wie bei der berühmten Echternacher Springprozession: Drei Schritte vor und zwei zurück.

5. Kraft aus dem kollektiven Unbewussten

Kontakt zu den Archetypen herstellen

Dieses Kapitel gibt einen Überblick über die wichtigsten Archetypen, die im Leben des Mannes und der Frau eine Rolle spielen. Sie sprechen uns normalerweise irgendwann in unserem Leben – mal mehr, mal weniger stark – an. Ihre spezielle Kraft beeinflusst unsere Entwicklung entscheidend. Die Begegnung mit ihnen ist nicht an eine feste Reihenfolge gebunden. Oft wirken mehrere Archetypen zur gleichen Zeit. Sie verstärken oder regulieren sich gegenseitig und versuchen, ein inneres Gleichgewicht in uns herzustellen. Wichtig ist, alle Archetypen zuzulassen, damit sich ihre unterschiedlichen Kräfte miteinander ausbalancieren können. Als Mann nur den König in sich zu leben, ist auf Dauer zu einseitig, wenn nicht auch die Kräfte des Kriegers, des Liebhabers und des weisen Mannes hinzukommen. Wer nur Liebhaber ist, ohne die ausgleichende Kraft des Königs, schöpft nicht alle in sich angelegten Möglichkeiten aus. Ebenso ist es für eine Frau zu einseitig, wenn sie ausschließlich die Königin oder ausschließlich die Mutter lebt und alle anderen Archetypen aus ihrem Leben ausklammert.

Wer meditativ in sich hineinhorcht, wird sehr bald begreifen, welcher Archetyp in sein Leben treten will. Er wird ihm die Tür öffnen und ihn in seinen meditativen Übungen willkommen heißen, indem er ihn als inneres Bild in sich aufsteigen lässt.

Mag sein, dass Sie den König sehen, gütig, weise, dass er Sie zu sich winkt, Sie bittet, neben ihm Platz zu nehmen. Vielleicht hat er eine Botschaft für Sie, spricht Ihnen Rat zu, oder er deutet auf einen Soldaten in seiner Nähe, um Ihnen zu mitzuteilen, wie Sie auf dessen Energie zurückgreifen können, um erfolgreicher in Ihrem Leben kämpfen zu lernen. Vielleicht begegnet Ihnen auch der weise Mann und zeigt Ihnen den Weg zu

Wachstum, Sinnhaftigkeit und Tiefe in Ihrem Leben. Oder Sie begegnen dem Liebhaber, der Ihnen zeigt, wie Sie wieder mehr Freude in Ihrem Leben zulassen können. Bei jedem Menschen verläuft die Begegnung mit den Archetypen anders. Doch jeder bekommt die Bilder, die er braucht.

Archetypen formen die Seele der Menschen. Dabei geht es um Bilder aus der Mythologie und aus dem kollektiven Unbewussten. Der Psychoanalytiker Carl Gustav Jung ist der Überzeugung, dass sich jede echte Entwicklung und Verwandlung des Menschen durch den Kontakt mit diesen inneren Bildern vollzieht. Es sind die gleichen Bilder, die uns in manchen unserer Träume begegnen. Jung selbst, der sich über Jahre hinweg intensiv mit diesen aus seinem Inneren aufsteigenden Bildern auseinandergesetzt hat, sagt, dies sei die wichtigste Zeit in seinem Leben gewesen. Ohne die intensive Beschäftigung mit diesen inneren Bildern wäre sein ganzes späteres Lebenswerk undenkbar gewesen.

Ich selbst kann diese Erfahrung aus eigenem Erleben mit langjähriger Traumforschung und Traumtherapie nur voll und ganz bestätigen. Manche der archetypischen Bilder üben eine ungeheure Faszination aus und sie haben heilende Wirkung, auf körperlicher wie auf seelischer Ebene. Diese Bilder können uns begeistern, ebenso aber auch erschrecken. Ihre Wirkung kann uns mitunter über weite Strecken unseres Lebens leiten. Sie bestimmen, worauf wir unsere Aufmerksamkeit richten und wie wir auf die Begegnung mit anderen Menschen und mit der Welt reagieren.

Archetypen treten uns auf Bildern, in Filmen, Geschichten, Mythen, Märchen, Biografien, durch Prominente, Helden oder auch im alltäglichen Leben oftmals mit großer Macht gegenüber. Sie verändern uns weit mehr, als Worte dies können.

Archetypen sind mächtig. Sie führen uns manchmal in einen neuen, uns vollkommen unbekannten Raum. Durch sie sehen wir die Dinge mitunter völlig anders als bisher. Wir lernen unsere „negativen“ Seiten erkennen und verstehen. Wir begreifen unsere geheimsten Wünsche und tiefen Sehnsüchte. Wir spüren, worin unsere Lebensaufgabe liegt, und wir finden auf Grund unserer Faszination die Kraft, diese Lebensaufgabe anzugehen. Wer seinen richtigen Archetypen gefunden hat, der entwickelt Visionen. Sinn und Ziel seines Lebens öffnen sich vor ihm.

Der Archetyp muss gewürdigt werden als das, was er ist: ein Bild außerhalb von uns, das in uns Wachstum, Veränderung und Bewusstheit bewirkt. In seiner „negativen" Erscheinungsform spricht er Schattenseiten in uns an. Auch sie sollten wir anschauen, damit sie uns nicht zur falschen Zeit überrumpeln und überwältigen. Nur wer den Schatten anschaut, kann ihn überwinden, so wie man einen Dämon nur bannen kann, wenn man ihn kennt. Macht, zum Beispiel, ist nicht von vornherein böse. Macht kann aus positiver Autorität entstehen. Erst wo sie unkontrolliert und unreflektiert in blinder Besessenheit angewandt wird, entsteht die Gefahr von Machtmissbrauch.

Für die Persönlichkeitsentwicklung des Mannes und der Frau sind jeweils fünf Archetypen von besonderer Bedeutung. Beim Mann sind es: der König, der Krieger, der Liebhaber, der weise Mann und der wilde Mann.[26] Die Hauptarchetypen der Frau sind: Die Königin, die Mutter, die Liebende, die weise Frau und die wilde Frau.

Die männlichen Archetypen spielen aber auch im Leben der Frau eine Rolle. Dort allerdings wirken sie anders als bei Männern, ähnlich wie der Vater im Leben einer heranwachsenden Tochter eine andere Rolle spielt als im Leben des Sohnes. Beide erleben den gleichen Vater auf unterschiedliche Weise. Umgekehrt gilt das Gleiche für die weiblichen Archetypen. Ihre Kraft brauchen in erster Linie Frauen, doch auch Männer. Nur er-

---

[26] In der Fachliteratur weichen die Bezeichnungen für die einzelnen Archetypen teilweise voneinander ab.

leben sie die weiblichen Archetypen auf andere Weise als die Frauen. Die am stärksten prägenden männlichen und weiblichen Archetypen werden hier ausführlicher dargestellt.

Männliche Archetypen

Der König

Als Archetyp verkörpert der König Autorität, Ordnung, Gesetz und Macht im positiven Sinne. Er verfügt über einen unermesslichen Wissensschatz und weist den Weg. Der König hat den notwendigen Abstand vom Alltagsgeschehen und ruht in sich selbst. Er gilt auch als Symbol der Fruchtbarkeit, des Gedeihens und der Kreativität für alle, die in seinem Einflussbereich leben. Der König als Mann ist sich seiner selbst sicher. Er erkennt das Gute in anderen Menschen und fördert sie. Er ist großzügig, er weiß die Verdienste anderer zu würdigen und bestärkt durch seine Anerkennung. Er liebt sich selbst, deshalb kann er auch die anderen lieben. Er braucht niemanden, keine Anbetung, keine Bewunderung. Er verkörpert gesunde, vitale Unabhängigkeit und er setzt klare Grenzen. Auf Grund seiner starken integrativen Kraft ist der König imstande, einen großen Herrschaftsbereich zusammenzuhalten. Er verfügt über die Kraft zur Erneuerung vorherrschender Ansichten und Gesetze.

Die Schattenseite des Königs zeigt Züge von Starrsinn, von Festhalten an der Macht und von Machtmissbrauch. Der Schattenkönig fühlt sich durch die Macht und die Kreativität anderer bedroht. Er reagiert mit kindischem Starrsinn und verflucht alle, die sich seiner Macht nicht beugen. Er hält seine Untergebenen schwach und abhängig. Die Atmosphäre um ihn herum ist vergiftet von Speichelleckern, die ihm nach dem Munde reden. Machthaber wie Hitler, Stalin, Saddam Hussein, Topterroristen wie bin Laden verkörpern in hohem Maße die Energie des Schattenkönigs. Auch Banker, die ihre Bilanzen fälschen, Aufsichtsratsvorsitzende, die sich unanständig reichlich Geld gegenseitig in die Tasche schieben, bestechliche Politiker und großmachtsüchtige Diktatoren, die mit Atombomben zündeln – sie alle sind Schattenkönige. Auf unsichere Menschen übt der dunkle König oft starke Anziehungskraft aus. Er scheint für eine Idee zu stehen. Doch diese Idee trägt nicht, sie führt in den Abgrund.

Der Krieger

In den archetypischen Träumen der verschiedensten Völker ist der Krieger seit alter Zeit ein Symbol für Mut, Ausdauer, Durchhaltevermögen, Hingabe und kämpferischen Einsatz für eine Sache oder eine Idee. Diese Bedeutung deckt sich nicht unbedingt mit den modernen Vorstellungen vom Krieger. Das Bild von Krieg signalisiert in der Sprache des Unbewussten eine Auseinandersetzung unterschiedlicher Seiten unserer Persönlichkeit, die untereinander in Widerspruch stehen. Diese Auseinandersetzung ist wünschenswert. Sie gehört zur psychischen Integration und damit zum inneren Wachstums prozess eines jeden Menschen. Archetypen sind so tief in uns verankert, dass sie sich nur sehr langsam verändern. Selbst für uns als friedliebende Menschen ist es wichtig, mit dem Archetyp des Kriegers in Verbindung zu bleiben, denn er stellt eine Reihe positiver Eigenschaften dar, die als Tugenden weiter gelten, selbst wenn es einmal gelingen sollte, den Krieg zu ächten.

Aggression hat auch ihre gute Seite. Ohne sie würden wir nichts „in Angriff nehmen“ und nichts bewirken. Alle großen Unternehmungen sind nicht ohne Aggression denkbar. Selbst zur Liebe gehört Aggression.

Der Krieger gibt sein Ziel nicht leicht auf. Er verdoppelt seine Anstrengungen, wenn er auf Widerstand stößt. Für Kompromisse ist er schwer zu gewinnen. Höflichkeit und Geduld sind nicht unbedingt seine Sache. Er braucht die enge Verbindung zu einem guten König. Ohne ihn kann er naiv und brutal gefährlich sein. Ohne Führung durch einen guten König kann sich die Aggression des Kriegers verselbständigen. Sie führt dann schnell zu gedankenlos, sinnlos und ziellos ausgeübter Gewalt.

Der gute Krieger ist loyal. Er konzentriert sich auf seine Aufgabe, ohne dabei an seine eigene Sicherheit und Bequemlichkeit zu denken.

In unserer westlichen Kultur ist die positive Seite des Kriegers eher schwach vertreten. Im Mittelalter gab es das Ideal des frommen Ritters. Aber auch den Glauben mit dem Schwert zu verbreiten, hat seine dunklen Seiten. Vielleicht finden die wahnsinnigen Kriegsgreuel auf unserem Kontinent ihre Erklärung darin, dass die Schattenseite des Krieger-Archetypen zu wenig Beachtung gefunden hat.

Der Osten mit der großen Tradition seiner Kampfkünste Karate, Judo oder Aikido und der Samurai-Krieger versteht wesentlich mehr vom Wesen des Kriegers. Fundamentalistische Hassprediger und Selbstmordattentäter fänden weniger Zulauf, wenn die dunkle Seite des Kriegers in unserer Gesellschaft mehr beachtet würde. Die Energie des Kriegers zu wandeln und zu sublimieren, ist möglich. Selbst Heilige wie Franziskus und Ignatius waren ursprünglich Krieger und der Apostel Paulus war ursprünglich ein hartgesottener Christenverfolger.

Der Liebhaber

Wenn der Archetyp des Liebhabers in unserem Leben bestimmt, sind wir fähig, anderen Menschen Freude zu bereiten und uns selbst zu freuen. Künstlerisches Erleben wird gefördert, aber auch das Ausüben von Kunst. In seiner höchsten Ausprägung ist der Liebhaber ein kontemplativer Mensch, der alles so annehmen kann, wie es ist, und der sich selbst an den kleinen Dingen des Lebens freuen kann. Der Archetyp des Liebhabers ist auch in den meisten Musikern bestimmend. Mozart ist ein typisches Beispiel. Er ließ sich trotz häufiger Geldknappheit und materieller Not seine Lebensfreude nicht trüben. Der Liebhaber klingt in allen Menschen an, die in ihrem Wesen romantisch sind und sich begeistern können am Leben und an dem, was es zu bieten hat.

Ohne den Liebhaber ist das Leben nüchtern, langweilig und irgendwann schwer genießbar. Der Liebhaber trinkt Freude und Lust in vollen Zügen, ohne Schuldgefühle. Er ist der Fruchtbarkeitsgott im Manne, der gern tanzt und liebt. Er ist der Dionysos der griechischen Mythologie, der rauschhafte Gott des Weines. Wo er auftritt, gibt es keinen Trübsinn und keine Langeweile.

In unserer westlichen Zivilisation hat es der Archetyp des Liebhabers schwer, sich durchzusetzen. Den Kirchen war er zu unheimlich. Anders bei den Naturvölkern – sie sehen keinerlei Probleme, Religiosität und unbändige Lebensfreude miteinander zu vereinbaren. Bei uns schob man ihn ins Unbewusste ab. Nur gelegentlich brach er sich Bahn, einmal in der Renaissance und dann erst wieder in der Hippie-Bewegung und der sexuellen Revolution in der zweiten Hälfte des 20. Jahrhunderts. Der Liebhaber hält die Kräfte des Königs, des Kriegers und des weisen Mannes zusammen. Er bindet sie mit seiner großartigen Wertschätzung. Er fördert die bewusstseinslösende Ekstase.

Erkennt man dem Liebhaber keine Existenzberechtigung zu, so wandert er ab in den Untergrund. Dort widmet er sich geheimen, manchmal zerstörerischen Freuden. Suchtgefahr besteht. Die Freude gewinnt bitteren Beigeschmack. Aus Freude wird Zynismus, Ordnung entwickelt sich zu zwanghaften Denkmustern und dem Bedürfnis nach Kontrolle, hortendem Festhalten und unangemessenem Beschützen. Der negative Liebhabertyp leiht sich Lebensfreude durch Alkohol und Drogen, Einkaufen, oberflächliche Sexualkontakte mit wechselnden Partnern oder durch unmäßiges Essen. Er hat das Bedürfnis, sich zu trösten, weil ihm das Leben trostlos erscheint.

In unserer Kultur entwickelt sich der in den Schatten abgleitende Archetyp des Liebhabers offensichtlich immer stärker. Der Staat müht sich erfolglos, die Suchtproblematik in den Griff zu bekommen. Teilweise verbirgt sie sich hinter der Wohlstandsfassade. Die vielen Selbsthilfegruppen für Abhängige stellen einen verzweifelten Selbstheilungsversuch der Gesellschaft dar. Mit einer mehr akzeptierenden verinnerlichten Einstellung zum Körper, zu Freude, Sexualität und Lust gäbe es sehr wahrscheinlich weniger Abhängigkeitsprobleme in unserer Gesellschaft. Die Götter, die wir aus unserem Hause aussperren, kommen als Dämonen durch die Hintertür wieder herein und ergreifen die Macht.

Der weise Mann

Der weise Mann als Archetyp verkörpert Achtsamkeit und Bewusstheit. Er fördert inneres Wachstum und Verwandlung. Durch seinen Einfluss erkennen wir Sinn in allem, was uns betrifft. Der weise Mann zeigt uns auch die Schattenseite, vor allem unsere eigene. Er lehrt uns, die Dinge mit dem inneren Auge zu betrachten, mit unserer Intuition. Wer an Überlebtem festhalten will, für den kann der weise Mann eine Bedrohung bedeuten, denn er stellt scheinbar Sicheres in Frage, an dem wir nur aus Gewohnheit festhalten.

Eine spezielle Ausprägung des weisen Mannes ist der Archetyp des Magiers oder – noch spezieller – des Narren. Ursprünglich war es seine Aufgabe, dafür zu sorgen, dass der König wahrhaft und heiter blieb. Der Narr hielt ihm einen Spiegel vor und verstand es, auf witzige Weise dem König auch unbequeme Dinge zu sagen, die jeden anderen leicht den Kopf hätten kosten können.

In wieder einer anderen Form ist der alte Weise der Clown, der Trickser, wie ihn C. G. Jung nennt, der gerissene Betrüger oder – in der Mythologie der Indianer – der Coyote. Bei den Griechen ist er am ehesten mit Hermes vergleichbar, dem Götterboten, zuständig für Handel und Wandel, das schnelle Geld, bekannt aber auch als Beschützer der Gauner und Diebe – und der Schriftsteller.

In seiner am höchsten entwickelten Ausprägung ist der alte Weise der Prophet und Verkünder der Wahrheit. Mit dem weiten Mantel des weisen Mannes findet er sich in vielen Berufsgruppen: als Zeremonienmeister bei Hofe ebenso wie als Beichtvater, als Schamane, Zauberer, Medizinmann, Staatsmann, Guru oder Priester.

Die Schattenseite des weisen Mannes kann gefährlich sein, denn sie führt zu völlig überzogener Selbsteinschätzung. Wenn ein Therapeut, ein Guru oder Heiler die Lobeshymnen ernst nimmt, die seine Anhänger auf ihn singen, so beginnt sein Abstieg, sagt man. Er wird zum Scharlatan, zum Pseudogelehrten, Liebling der Massen, gefeierten Fernsehstar. Wenn ihm nicht klar ist, dass er selbst nur ein bescheidenes Instrument ist, dass er seine Macht nicht aus sich heraus entfaltet, so ist sein Abstieg vorprogrammiert. Vertraut er sich nicht selbst der Führung eines Gelehrten oder Weisen an, so kann es gefährlich werden. Der Umhang der Macht neigt dazu, das Ego aufzublähen. Roben, Ärztekittel, Talare, Uniformen und derlei Amtstrachten verführen zu Machtmissbrauch und geistiger Überheblichkeit. Sie fördern Illusionen und nähren infantile Größenwahnfantasien, wenn man sich nicht selbst ständig und ernsthaft zu geistiger Bescheidenheit aufruft.

Der wilde Mann

Der wilde Mann ist sich seiner gewaltigen Kraft bewusst, die in ihm steckt. Er setzt sie sicher und zielgerichtet ein. Er hat es nicht nötig, seine Macht auszuspielen und andere damit einzuschüchtern. Ebenso wenig manipuliert er andere. Er ruht in sich selbst. Der wilde Mann ist mutig und frei. Er verkauft seine Seele nicht an einen Arbeitgeber, sondern er liebt seine Unabhängigkeit über alles. Er lässt sich nicht domestizieren. Prestige und die Meinung anderer sind ihm nicht wichtig. Leistung und

Perfektion sind für ihn nicht unbedingt gültige Maßstäbe. Auf der anderen Seite ist er zu enormen Kraftanstrengungen fähig, wenn es um ein Ziel geht, das er sich in seinem Leben selbst gesetzt hat und das ihm etwas bedeutet. Er setzt sich für seine Familie und für Menschen ein, die seinem Schutz anvertraut sind.

Der wilde Mann steht aber auch in sicherem Kontakt zu seiner weiblichen Seite. Er weiß, wie sich die Innenseite der Dinge anfühlt und nutzt seinen Instinkt und seine sichere Intuition bei allen in seinem Leben anstehenden Entscheidungen. Er kann sich in andere Menschen einfühlen und ihnen zuhören. Der wilde Mann hat starke Wurzeln in der Natur. Er lebt die jahreszeitlichen Rhythmen und vertraut sich ihnen an. Er geht seinen spirituellen Weg. Unterstützung auf diesem Weg findet er in den alten Mythen und Legenden. Er achtet die Frauen.

Die Schattenseite des wilden Mannes führt leicht zu überbetonter Männlichkeit, zu machohaftem Auftreten. Dann gewinnen Statussymbole für ihn stark an Bedeutung. Er braucht den Mercedesstern, das Wappen auf dem Hemd oder an der Tür, um sein Selbstwertgefühl damit aufzupolieren. Bei Überbetonung seiner Schattenseite neigt er dazu, anderen zu befehlen oder sie durch allerlei Machtspielchen zu unterwerfen und sein Ego aufzublähen. Argumente zählen für ihn dann nicht. Er setzt seine Meinung auf Grund seiner Machtposition durch, ohne sich groß um die Belange anderer Menschen zu kümmern.

Weibliche Archetypen

Die Königin

Die Königin will Freiheit, Würde und Selbständigkeit. Die Königin will herrschen und nicht beherrscht werden. Sie gibt Anordnungen und gestaltet ihr Reich selbst. Sie geht aufrecht und steht zu sich. Sie lebt in Einklang mit sich selbst und strahlt diese innere Harmonie auf ihre Umgebung aus. Daraus gewinnt sie Ansehen und Führungsqualität.

Die Königin weiß um ihre Würde. Sie ist sich ihres Wertes bewusst. Sie übernimmt Verantwortung für sich selbst, für ihre Fähigkeiten, Entscheidungen und Erfahrungen. Aus ihrer Königinnenkraft gewinnt sie Gelassenheit. Anfeindungen und Abwertungen können sie nicht wirklich verletzen. Sie weiß, ihr innerster Wert ist nicht angreifbar. Sie nimmt Verletzungen zwar wahr, lässt sie aber nicht in sich eindringen. Das hilft ihr, die Verletzungen durch andere nicht anzunehmen, sondern sie bei den Verursachern zu lassen, die sie angreifen wollen.

Die Königin in einer Frau weiß, dass Schönheit in erster Linie von innen her kommt. Dieses Wissen gibt ihr Anmut und Selbstsicherheit. Diese Schönheit ist unabhängig von den jeweils geltenden Schönheitsidealen. Die Königin entscheidet selbst, wie sie diese Schönheit zum Ausdruck bringt. Sie braucht dazu keine Schönheitschirurgen und keine Normen über Idealmaße. Die Königin ist gern eine schöne und attraktive Frau. Sie genießt ihre Schönheit, nicht um bewundert zu werden, sondern weil sie sich selbst daran freut und weil von ihr ein Glanz ausgeht, der allen guttut. Sie braucht sie nicht zu verstecken. Reichtum ist kein Garantieschein, Königinnenwürde zu gewinnen. Gerade an Frauen aus der Dritten Welt fällt die Würde auf, mit der sie die Kraft der Königin selbstbewusst in sich zulassen und Lebensfreude ausstrahlen, obwohl sie äußerlich wahrhaftig nicht in Wohlstand leben.

Wenn eine Frau um ihre königliche Würde weiß, dann braucht sie nicht von Prunk und Reichtum umgeben zu sein. Als Königin gewinnt auch das Kochen, Einkaufen oder das Haus in Ordnung halten einen neuen Stellenwert. Ganz gleich, was sie tut, sie weiß dabei um ihre Königinnenwürde. Betritt man das Haus einer Königin, dann spürt man sehr genau ihre Würde. Da wird nicht geprotzt. Da ist alles wohlgeordnet am richtigen Platz, auf ganz selbstverständliche Weise schön. Als Gast fühlt man sich gut aufgehoben im Hause einer Königin.

Die Königin herrscht nicht nur in ihrem Reich, sondern sie schützt seine Grenzen, dass keine Feinde eindringen. Sie setzt Grenzen. Eine Königin hat gern Gäste, aber sie ist nicht auf sie angewiesen. Wenn sie sich abgrenzt, dann verliert sie die anderen nicht. Im Gegenteil: Sie gewinnt Beziehungen, indem sie sich abgrenzt. Das schafft Klarheit. Keiner braucht zu fürchten, ausgelaugt zu werden. Die Königin lässt andere sein, wie sie sind. Sie achtet deren Würde. Aber sie hängt von niemandem ab.

Die Königin stellt sich nicht in den Mittelpunkt. Sie braucht sich nicht gewollt darzustellen. Sie steht einfach in der Mitte. Sie strahlt Kraft und Klarheit aus. Sie wird zum Mittelpunkt. Sie kann das genießen. Es strengt sie nicht an. Andere um die Mitte zu sammeln, ist für sie eine Freude. Sie muss nicht um Autorität kämpfen. Sie strahlt Autorität allein durch ihre Gegenwart aus.

Die Schattenseite der Königin ist die Tyrannin. Sie benutzt die Krankheit als Waffe, gegen die man sich nur schwer wehren kann. Denn die Krankheit schafft bei den Familienangehörigen ein schlechtes Gewissen. Mit schlechtem Gewissen lässt sich nicht gut kämpfen.

Frauen, die sich ihrer Würde nicht bewusst sind, leben häufig die Schattenseite der Königin. Unzufriedene Frauen neigen dazu, mit ihrer Unzufriedenheit ihre Umgebung zu beherrschen. Schon im Alten Testament der Bibel gibt es den Satz: „Besser in einer Ecke des Daches wohnen als eine zänkische Frau im gemeinsamen Haus"[27]. Ist das nur eine durch Jahrtausende transportierte „Machoweisheit" oder vielleicht doch mehr?

Eine andere Schattenseite der archetypischen Königin ist die dominante Frau, die in ihrer Familie alles bestimmt und alle beherrscht. Sie muss ständig alles kontrollieren und bestimmen

---

[27] Sprüche 21,9

und erträgt keinerlei Kritik. Alles hat nach ihrem Willen zu geschehen. Manche Frauen behaupten, sie seien auf Grund der Schwäche ihrer Männer zwangsläufig so „initiativ" geworden. Aber das allein ist es nicht. Eher suchen sich schwache Männer dominante Frauen, unbewusst, weil sie in ihrer eigenen Kindheit von einer dominanten Mutter beherrscht wurden.

Die wirkliche Königin herrscht, ohne zu beherrschen. Sie ist aus sich heraus stark, dazu braucht sie nicht andere zu schwächen. Sie drückt niemanden in die Ecke, um sich selbst ihre Macht zu bestätigen. Sie spielt ihre Macht nicht gegen andere aus, sondern bringt sie mit ihrer eigenen königlicher Kraft in Kontakt. Sie hat es nicht nötig, andere klein zu halten, um selbst größer zu erscheinen.

Die Mutter

Der Mutter-Archetyp ist von besonders starker Kraft geprägt. Bei den meisten Naturvölkern spielen Muttergottheiten eine wichtige Rolle. Die Mütter sind es ja, die auf Grund ihrer unmittelbaren eigenen Erfahrung den intensivsten Kontakt zu Fruchtbarkeit und dem werdenden Leben haben, viel intensiver als ihn Männer je erleben können. Die Mütter nähren ihren Archetyp durch alle Kulturen und alle Zeiten. In den Grenzerfahrungen, die sie bei den Geburten ihrer Kinder erleben, durchleiden sie zugleich die Erfahrungen aller Mütter aus allen Zeiten und Kulturen. Das sind archetypische Erfahrungen, nicht nur persönliche.

Die urzeitliche Muttergöttin, die Erdmutter, die klassischen Göttinnen Demeter und Gaia oder die ägyptische Isis – die uralte Große Mutter betete man schon in der Jungsteinzeit an, wie wir aus zahlreichen ausgegrabenen Fundstücken wissen.

Von Kleinasien aus breitete sich der Kybele- und Mitraskult bis ins Rheinland aus. Kybele, die Natur- und Erdgöttin, galt als Urmutter der Götter und Menschen und als Beschützerin des Wachstums. Ihr Gefolge huldigte ihr in wilden Orgien mit rauschhaften Tänzen, begleitet von Rasseln, Klappern, Handtrommeln, Flöten und Hörnern, die sich zu ekstatischer Raserei steigerten. Sie fanden ihren Höhepunkt in der Heiligen Hochzeit der Gläubigen mit der Göttin. Solche Wildheit war dem aufkommenden Christentum ein Dorn im Auge und wurde kurzerhand verboten.

Zeugnisse des Mutterkultes gibt es noch immer in Deutschland, in Pesch und Nettersheim im Rheinland zum Beispiel. Dort sind keltisch-germanische Erd- und Muttergöttinnen zu dritt dargestellt, als Schutzherrinnen der Fruchtbarkeit von Feldern, Vieh und Menschen. Sie verkörpern drei grundlegende Phasen im Leben jeder Frau, an denen sich bis heute nichts Wesentliches verändert hat: Die junge, die reife und die weise Frau. Die junge Frau ist ungebunden und sammelt Erfahrungen in ihrer Ausbildung, am Arbeitsplatz oder in Beziehungen. Die reife Frau lebt am stärksten das Mütterliche. Dazu muss sie nicht im biologischen Sinne Mutter sein. Mütterlich sein bedeutet, Lebendiges aus sich hervorbringen, es annehmen, ihm Nahrung geben, es pflegen, sich einfühlen, wachsen lassen, das Leben schützen. Das Mütterliche zeigt sich in einer liebenden, fürsorglichen und beschützenden Haltung allem Lebendigen gegenüber. Manche Frau lebt ihre mütterliche Seite ganz in ihrer Mutterrolle und geht voll darin auf. Andere Frauen wieder leben ihre Mütterlichkeit im beruflichen Bereich, indem sie helfen, nähren, pflegen, ausbilden. Selbst wo Frauen in leitender Funktion Menschen führen, können sie ihre Weiblichkeit und Mütterlichkeit einbringen. Sie entfalten Führungsqualitäten, die sich von denen der Männer wesentlich unterscheiden, zu einem günstigeren Teamklima in einem Unternehmen führen und damit zugleich zu positiveren Leistungen.

Die dritte Stufe, das Stadium der weisen Frau, beginnt, wenn eine Frau sich stärker von ihren aktiv gestalterischen Aufgaben der zweiten Phase zurückzieht. Sie lässt los und wendet sich mehr nach innen. Bei den Naturvölkern ist sie vielfach die weise Frau, deren kluger Rat gefragt und genutzt wird.

Die weise Frau kennt das Leben mit all seinen Höhen und Tiefen. Und sie gibt gern von ihrer Erfahrung und ihrem Wissen weiter.

Die Schattenseite der archetypischen Mutter kennen wir aus der Mythologie: die verschlingende Mutter, die ihre Kinder frisst. Wenn die Mutter nicht gelernt hat, rechtzeitig loszulassen, dann besteht die Gefahr, dass sie ihre heranwachsenden Kinder vereinnahmt und sie in ihrer Entfaltung zu erwachsenen Menschen einengt. Mitunter versuchen Mütter in Wahrheit ihre eigenen Bedürfnisse zu erfüllen, indem sie die Bedürfnisse der Kinder erfüllen. Dann fordern sie von den Kindern Dankbarkeit. Bei manchen Frauen ist das Mütterliche so überstark ausgeprägt, dass sie dazu neigen, alle in ihrer Umgebung zu bemuttern, ohne zu spüren, ob die anderen das überhaupt wollen und brauchen. Sie bemuttern ihren Mann und machen ihn auf diese Weise zum Kind. Sie bemuttern jeden Gast. Der fühlt sich zwar zunächst aufmerksam behandelt. Doch irgendwann geht es ihm auf die Nerven, „betüdelt" zu werden. Er fürchtet, vereinnahmt zu werden, wenn eine Mutter ihm einredet, welche Bedürfnisse er zu haben hat. Die verschlingende Mutter neigt dazu, unter dem Deckmantel der Mütterlichkeit Macht auszuüben. Sie deckt alles mit ihrer Mütterlichkeit zu und wundert sich, wenn sie bei ihrer Familie auf Ablehnung stößt. Wer lässt sich schon gerne entmündigen!

Die Liebende

Jeder Mensch hat tief in seinem Inneren das Bedürfnis, geliebt zu werden und selbst einen anderen Menschen zu lieben. Deshalb ist der Kontakt zu dem Archetyp der Liebenden von großer Bedeutung, wenn es darum geht, dieses Lebensziel zu erreichen.

Um einen anderen wirklich lieben zu können, müssen wir zunächst einmal uns selbst lieben. Damit ist gemeint, dass wir mit uns selbst freundlich umgehen, in uns hineinhorchen, auf unsere Gefühle und die Bedürfnisse unseres Körpers achten und alles annehmen, was uns lebendig macht. Das klingt einfach. Aber viele Menschen reagieren erst auf heftige Warnsignale ihrer Gesundheit, bis sie spüren, dass sie gegen ihren Körper leben und nicht liebevoll mit ihm umgehen.

Menschen, die in ihrer Kindheit viel Lieblosigkeit erfahren haben, tun sich manchmal schwer, mit sich selbst und den anderen in ihrer Umgebung liebevoll umzugehen. Sie bewerten sich, setzen sich selbst herab, wo sie als Kind bewertet und herabgesetzt worden sind. Für sie ist es wichtig zu lernen, sich erst einmal selbst anzunehmen, so wie sie sind, vorbehaltlos und liebevoll, mit allen Schwächen, die jeder nun einmal hat.

Lieben zu lernen ist „Knochenarbeit" und eine lebenslange Aufgabe. Liebe soll frei sein wie ein Vogel, frei von allen Besitzansprüchen und frei von der Sucht, den anderen zu kontrollieren. Wer Liebe einsperrt, um sie festhalten zu können, der verliert sie.

Liebe lässt sich nicht an Bedingungen knüpfen. Viele meinen, wenn ihr Partner, ihr Kind, ihre Eltern anders wären, dann könnten sie sie mehr lieben. Sie können den anderen nicht sein lassen, wie er ist, sondern sie stellen Erwartungen, wie er sein müsste. Die Liebende in uns akzeptiert den anderen, so wie er ist. Sie stochert nicht in den Fehlern des anderen herum, sondern freut sich an seinen positiven Seiten. Sie gibt ihm die Chance, sich selbst zu entwickeln und zu reifen.

Lieben bedeutet immer auch, das Leben zu lieben. Menschen, die schwere gesundheitliche Krisen durchgestanden haben, sagen manchmal: „Ich will mich einfach nur am Leben freuen." Sie freuen sich an den kleinen Dingen des Lebens. Sie feiern das Leben an jedem neuen Tag.

Liebe sucht innere Nähe. Sie kann auch bestehen, wenn wir Tausende von Kilometern vom Partner entfernt sind. Wenn wir über mangelnde Nähe zum anderen klagen, fordern wir etwas, das wir zuerst einmal in uns selbst finden müssen. Sind wir selbst in Kontakt mit unseren Gefühlen und Bedürfnissen, mit unseren Wünschen und Ängsten?

Liebe will auch Abgrenzung. Manchmal entsteht Angst vor zu viel Nähe. Dann fehlt die Möglichkeit, sich selbst frei zu entfalten. Der Archetyp der Liebenden hilft zu spüren, wie viel Nähe wir brauchen und wie viel an Abgrenzung zu unserem Schutz notwendig ist für die persönliche Entfaltung.

Lieben heißt auch, Geduld zu haben, darauf zu vertrauen, dass Entwicklung geschieht. Die Entwicklung verläuft bei Partnern in unterschiedlichem Tempo und in unterschiedlicher Richtung, bei Frauen anders als bei Männern. Wer hier zu stark fordert, wird erleben, dass der Partner sich verschließt. Er will selbst seinen Weg finden. Die Liebende vertraut und lässt ihm Zeit.

Zum Lieben gehört verzeihen. Dafür ist es notwendig, erst einmal alle Gefühle von Verletztheit, Wut, Empörung, Enttäuschung und was da alles hochkocht, zuzulassen. Wer liebt, muss dann über sich hinauswachsen, um dem anderen wieder begegnen zu können. Kein leichtes Programm! Manchmal hilft es, sich an Situationen zu erinnern, in denen einem selbst verziehen worden ist. Die Liebe, die man dabei von anderen erfahren hat, kann man leichter weitergeben.

Lieben ist Lachen. Göttinnen werden in der Antike oft als Lachende dargestellt. Die lachende Göttin ist ein Archetyp, zu dem wir Kontakt aufnehmen können. Ihr Lachen zeigt, dass sie über den Dingen des Alltags steht, dass sie ihr nichts anhaben können. Im Lachen erleben wir selbst, dass wir uns nicht von den Problemen der Welt auffressen lassen, sondern Distanz bewahren.

Lachen ist heilsam. Forscher haben herausgefunden, dass Lachen die Immunabwehrkräfte des Körpers stärkt. Sie haben spezielle Therapieformen entwickelt, in denen Clown-Therapeuten krebskranke Kinder durch Lachen therapierten – mit gutem Erfolg. In der chinesischen Sprache gilt für Lachen und Lieben das gleiche Schriftzeichen. Lachen ist Lieben. In tibetischen Klöstern gibt es die Regel, dass jeder Mönch am Morgen, gleich nach dem Erwachen, erst einmal kräftig über sich selbst laut zu lachen hat. Lachen schafft Distanz. Liebe braucht Distanz vom Alltagsmüll.

Die weise Frau

In vielen Märchen aus aller Welt begegnen wir der weisen Frau, manchmal in Gestalt der Hexe, manchmal auch als Großmutter. In dem Grimm-Märchen „Die Gänsehirtin am Brunnen" ist sie ein „steinaltes Mütterchen", das die Tochter des Königs in das Leben einführt und zugleich den jungen Grafen herausfordert, beziehungsfähig zu werden.

In dem alten russischen Märchen von Vasalisa, der Weisen, erweist sich die Begegnung mit der Hexe Baba Yaga als furchterregend, denn ihr Wissen und ihre Macht können ebenso vernichten wie Leben spenden. Doch das Mädchen Vasalisa geht mutig auf die Alte zu und erkennt das Göttliche in all ihrer Schrecklichkeit. In dieser wilden Ur-Form des Märchens, wie sie Clarissa Estés in ihrem Buch von der „Wolfsfrau"[28] erzählt, steht das Haus der Hexe auf vier gelben Hühnerbeinen, die sich selbständig machen und mit dem gesamten Überbau zu tanzen beginnen, wenn ihnen der Sinn danach steht. In der Sprache der Träume ist das Haus Symbol für unsere eigene psychische Persönlichkeit. Wenn es in dem Märchen heißt, dass das Hexenhaus mit allen vier Beinen im Tierreich steht, so können wir daraus schließen, dass das Tierische in der Persönlichkeit des suchenden Mädchens bisher unterentwickelt ist. Das Haus führt sich wie ein lebendiges Wesen auf. Es wandert und tanzt umher. Das vierbeinige Fundament hat Kontakt zu den Urinstinkten. Lebensfreude und Lebenskraft brechen durch, ganz anders als in dem von allen wilden Spuren gereinigten

[28] 1995, 94 ff. (116)

Zuckerbäcker-Hexenhaus der Brüder Grimm aus „Hänsel und Gretel".

Die weise Frau ist eine wilde Frau. Sie wurzelt in den Urkräften der Erde. Sie kennt die Rhythmen der Natur ebenso gut wie die menschliche Seele. Oft sitzt sie am Spinnrad. Sie hält die Fäden des Lebens in der Hand und ordnet sie. Ihre Weisheit knüpft die Fäden zwischen Eltern und ihren Kindern, zwischen Mann und Frau. Sie weiß um die Heilkraft der Kräuter, ist in Berührung mit der Weisheit der Natur. Sie führt ein in die Geheimnisse des Lebens, der Sexualität, Fruchtbarkeit und Geburt. Anders als beim weisen Mann ist „ihre Weisheit immer an die irdische Grundlage der Wirklichkeit gebunden."[29] Sie trägt die Kraft der nährenden Mutter in sich. Die Kelten und Germanen wussten die besondere Weisheit der Frauen zu schätzen und nutzten sie. In der Volkstradition waren Frauen oft gute Heilerinnen, die ihr Wissen von einer Generation an die andere weitergaben. Von alters her verfügten sie, wahrscheinlich wegen ihrer größeren Nähe zum Unbewussten, über die Fähigkeit, zu weissagen.

Im aufkommenden Christentum waren solche Fähigkeiten den Männern eher unheimlich. Sie verschanzten sich hinter dem rein Rationalen und lehnten das Wissen aus der Welt der Instinkte und der geheimen Zusammenhänge in der Natur ab. Verbote, Verfolgungen, der Wahnwitz der Hexenverbrennungen – das alles nahm so seinen zwanghaften Lauf, der bis heute nachwirkt und noch immer nicht ganz beendet ist.

Vieles vom Wissen der alten Völker ist verloren. Was erhalten ist, lässt sich nicht einfach in unsere Zeit hinüber retten. Doch allem Anschein nach beginnen die Frauen, sich auf ihr altes Wissen neu zu besinnen und es mit Leben zu erfüllen. Auch heute gibt es bei uns weise Frauen. Sie urteilen nicht, sie verstehen. Sie sehen auf den Grund. Sie spüren, was der andere

---

[29] Neumann 1974, 305

braucht. Sie drängen nichts auf. Wenn jemand in Not ist, sind sie zur Stelle. In der größten Not erwacht oft der Archetyp der weisen Frau. Wie zufällig meldet sie sich im Leben, manchmal durch Träume, manchmal in realen Begegnungen.

Jede Frau trägt die weise Frau als Anteil in sich. Nur: Zu oft hat sie ihn verdrängt und ausgesperrt. In unserer Zeit ist Jugendlichkeit gefragt. Doch viele Frauen sehnen sich nach der Begegnung mit der weisen Frau. Sie spüren, dass sie sich im Alltag aufreiben und dabei an weiblicher Kraft verlieren. Wenn sie weisen Frauen begegnen, fühlen sie, dass diese Frauen in sich ruhen und sich an dem freuen, was ist.

Weise Frauen sind auch unter den jüngeren anzutreffen. Das biologische Alter ist kein Garant für Weisheit. Leistung und Perfektion sind nicht alles. Eher geht es darum, dem eigenen Instinkt zu trauen, auf die Weisheit des Körpers zu hören: Was will mir mein Körper sagen, wenn ich mich nicht gut fühle? Worauf muss ich mehr achten?

Was kann ich ihm Gutes tun? Die weise Frau weiß, woran es fehlt, und sie versucht, das Vertrauen in die eigene Kraft zu stärken.

Die wilde Frau

Der Archetyp der wilden Frau löst bei Frauen oft ein zwiespältiges Echo aus: bei den einen Faszination, bei den anderen Ablehnung.

Viele Frauen spüren, dass sie die wilde Frau in sich gern zulassen möchten. Sie möchten aus den Klischees ausbrechen, die ihnen die Gesellschaft übergestülpt hat. Die wilde Frau bringt sie mit ihrer ursprünglichen Kraft in Kontakt, die in ihnen verborgen ist. Es ist die Kraft der Natur, die die Naturreligionen vieler Völker durch Göttinnen darstellten.

Die wilde Frau lässt sich nicht von außen bestimmen. Sie lebt von innen her nach ihren eigenen Maßstäben. Sie passt sich nicht an Normen an, die andere ihr vorschreiben. Sie spürt mit großer Sicherheit, was sie zu ihrem eigentlichen Leben führt und was sie vom Leben wegführt.

Die wilde Frau ist frei. Sie tut nicht, was andere von ihr erwarten, sondern das, was sie selbst will, was für sie stimmt. Sie lebt nicht nach vorgegebenen Normen, sondern aus ihrem Unbewussten heraus. Die Sehnsucht nach Leben und nach Fruchtbarkeit (körperlich und geistig) bestimmt ihr Handeln. Sie duldet nicht passiv, was man ihr antut, sondern sie ergreift die Initiative. Sie ist mutig. Sie orientiert sich an ihrer Intuition.

Bei manchen Frauen in unserer Gesellschaft ist diese innere Stimme verstummt. Doch durch die Berührung mit dem Archetyp der wilden Frau finden sie sie wieder, wenn sie aufmerksam in sich hineinhorchen und offen sind für das, was sie in ihrem Inneren spüren. Die wilde Frau folgt ihrem Instinkt. Sie spürt ihr inneres Feuer. Sie weiß, was an ungebändigter Kraft in ihr steckt. Sie lebt ohne Hemmung ihre Freude als Freude und ihren Kummer als Kummer. Sie zeigt ihre Freude offen wie ein Kind. Sie hält ihre Gefühle nicht zurück. Sie nimmt sich den Lebensraum, den sie für ihr Leben braucht.

Oft müssen Frauen erst in Not geraten, ehe sie die Wildheit in sich wiederentdecken. Dann erst spüren sie ihre wahre Natur wieder.

Oft ist mit dem Bild der wilden Frau auch die Furie, Hexe oder Zicke verbunden. Heute sind das eher Ehrennamen. Die Zicke genießt Ansehen, weil sie lebendiger leben kann. Die Hexe steht heute für das Wilde, für die Kraft, die tief aus dem Inneren kommt. Manchmal überbetonen Frauen diesen Typ, wenn sie zu lange ohne den Kontakt zu ihrer wilden Frau gelebt haben.

Ihre Weiblichkeit lebt die wilde Frau nicht gegen den Mann. Sie weiß um ihre eigene Kraft, und sie kann die Kraft des Mannes zulassen. Das Männliche ist für sie Bereicherung.

Das Wilde in einer Frau hat keine Angst vor Körperlichkeit und Sexualität. Die wilde Frau hat Freude an ihrem Frausein und sie drückt diese Freude auch aus, nicht um damit Wirkung bei Männern zu erzielen, sondern einfach so als Lebensgefühl.

Fühlt eine Frau sich über längere Zeit ausgelaugt und müde, so ist das fast immer ein Hinweis darauf, dass sie den Kontakt zur wilden Frau in sich abgeschnitten hat. Gelingt es ihr, diesen Kontakt wieder herzustellen, so sprüht sie vor Energie und Lebensfreude und ist imstande, die schwierigsten Aufgaben zu bewältigen.

6. Wild träumen

Wieder zu träumen wagen

Träume nicht dein Leben, sondern lebe deine Träume. In unserer westlichen Kultur haben viele Menschen das Träumen verlernt. Natürlich träumen sie, wie alle Menschen, jede Nacht ihre drei bis fünf Träume. Schlafforscher können das messen und beweisen. Aber erst, wenn wir auf die Botschaft unserer Träume achten, nutzen wir die Chance, unserer eigenen Wildheit zu begegnen. Zugleich erfahren wir damit mehr über unsere Ängste, Wünsche und die in unserem Leben konkret anstehenden Problemlösungen. Wer bewusst seine Träume erlebt, lernt sich selbst und seinen eigenen Schatten besser kennen. Daher lohnt es sich allemal, den „nächtlichen Briefen aus dem Unbewussten" Aufmerksamkeit zu schenken.

Wer träumt, ist keineswegs ein Spinner, sondern im Gegenteil: Wer die Botschaft seiner Träume begreift, stärkt seine Fähigkeit zur Auseinandersetzung mit der Realität. Ihm stehen geeignetere Strategien zur Lösung anstehender Probleme zur Verfügung. Und wer der eigenen Wildheit in den Träumen begegnet, stärkt seine Lebenskraft. Allein schon deshalb ist es günstig, die Fähigkeit des schöpferischen Umgangs mit den eigenen Träumen zu pflegen.

Gemeint sind damit nicht nur unsere Nachtträume, sondern ebenso die Träume und Fantasiereisen, die wir in tief entspanntem Zustand mit unserem ganz normalen Tagesbewusstsein erleben können. Die Menschen der unterschiedlichsten Zeiten und Kulturen, von der Antike bis hin zu C. G. Jung und der modernen Gestalttherapie – sie alle haben außerordentlich positive Erfahrungen im Umgang mit ihren Träumen erlebt. Wagen wir also ruhig wieder zu träumen!

Unser Träumen – bei Tag und bei Nacht – ist voll von Geschichten, die erzählt, aufgeschrieben und aufgearbeitet werden wollen. Erzählen Sie Ihre Träume Ihrem Partner oder Ihrer Partnerin, einer guten Freundin, einem Freund oder Ihrem Tagebuch. Sie werden sich selbst dabei auf ganz andere und neue, ursprüngliche und lebendige Weise kennen lernen.

Wie wilde Träume beschaffen sind

Die meisten Menschen denken beim Thema „wilde Träume" zunächst an Träume mit erotischem Inhalt. Solche kommen in der Tat relativ häufig vor. Nach Schätzungen von Experten liegt ihr Anteil bei ungefähr zwanzig Prozent aller Träume. Wen wundert das. Die Sexualität ist nun einmal der mächtigste Ausdruck der Lebenskraft in unserem Leben.

Doch in den Träumen begegnen wir unserer wilden Kraft auch durch ganz andere Bilder. Vor allem Autos stehen in der Traumsprache für die Einstellung zu unserer eigenen Lebenskraft. Sie geben häufig Aufschluss über die uns zur Verfügung stehende motorische Energie, über die vorhandene Lebenskraft und unseren Umgang mit ihr. Rasante Sportwagen im Traum haben oft sexuelle Bedeutung. Sie symbolisieren den Rausch der Freiheit, Unabhängigkeit, Dynamik und Potenz. Der Zustand des Autos, das Sie im Traum fahren, sagt häufig etwas darüber aus, wie wir uns selbst einschätzen. Träumt man davon, ein klapperiges Auto zu fahren, so kann das bedeuten, dass man sich selbst klapperig und in seinem Lebensgefühl angeschlagen fühlt. Auslöser für solche Träume können Krankheit, Alter, ebenso aber wirtschaftliche Misserfolge, Rückschläge, Enttäuschungen und Verluste in einer Liebesbeziehung oder Zweifel an den eigenen Zukunftsperspektiven sein. Bleibt Ihr Auto im Traum mit einer Panne liegen, so gibt dieses Bild meist einen Hinweis auf gesundheitliche Störungen. Ist ein Reifen platt, sagt Ihr Traum möglicherweise, dass aus Ihnen im Augenblick die Luft heraus ist. Ein Schaden an den Elektroleitungen kann einen Hinweis auf nervliche Störungen enthalten. Versagt die Kraftstoffpumpe, so könnte das auf eine Störung der Herztätigkeit hindeuten. Genießt man im Traum die ruhige gleichmäßige, angenehme Fahrt in einem Auto, so strömt die Lebenskraft gesund, zumindest besteht der Wunsch danach. Wenn Sie im Traum Ihr Auto nicht wiederfinden, könnte dies heißen, dass Sie sich von Ihrer Lebenskraft abgeschnitten, sich in Ihrer Identität verunsichert fühlen. Vielleicht haben Sie zurzeit Ihr berufliches oder privates Ziel aus den Augen verloren. Oder es bereitet Ihnen Schwierigkeiten, sich in Ihrer gegenwärtigen Lebenssituation zurechtzufinden. Wer im Traum einen Parkplatz sucht, aber keinen findet, der sucht wahrscheinlich auch nach einer Ruhezone oder nach seinem beruflichen oder persönlichen Platz in seinem Leben.

In unserer hoch technisierten Zeit benutzen Träume nicht nur das Bild von Kraftfahrzeugen, um das Thema „Lebenskraft" darzustellen. Immer häufiger taucht inzwischen in diesem Zusammenhang das Traumbild „Flugzeug" auf. Sieht man sich selbst im Traum als Pilot im Cockpit während eines ruhig verlaufenden Langstreckenfluges sitzen, so beherrscht man wahrscheinlich auch seine reale Lebenssituation und befindet sich in Einklang mit der zur Verfügung stehenden Lebenskraft. Ähnliches gilt, wenn sich jemand im Traum als Kapitän oder Steuermann eines Schiffs auf sicherer Fahrt erlebt. Treten Störungen während der Reise auf, so geben sie meist konkrete Hinweise auf Störungen in der Lebenssituation der Träumenden, die oft sehr wörtlich zu nehmen sind und konkrete Hinweise enthalten, wie wir mit der Störung der Lebenssituation umgehen sollten.

Ein weiteres Traumbild, das Aufschluss über den Kontakt zu unserer eigenen Lebenskraft gibt, sind Tiere. Aus Tierträumen erhalten wir häufig wichtige Informationen, wie es um die Lebendigkeit in uns bestellt ist. Dazu später mehr im Kapitel über „Krafttiere".

Hier folgen zwei Träume, in denen sich der Umgang mit der eigenen Lebenskraft spiegelt.

Einer 40-jährigen Frau, in einer Großstadt aufgewachsen, gelingt es, durch ihren Traum wieder näheren Kontakt zu ihren wilden Wurzeln aufzunehmen:

Das Bergdorf im Himalaja

Das Schicksal hat mich in ein abgelegenes Bergdorf im Himalaja verschlagen. Die Menschen hier sind arm und leben unter sehr einfachen Bedingungen. Sie kennen nichts anderes, vermissen also auch nichts. Ich bewundere sie, habe aber auch Mitleid mit ihnen. Ich zweifle, ob sie mich bei sich aufnehmen und mich als zu ihnen gehörig anerkennen werden. Ein junger Mann scheint sich verstärkt um mich zu kümmern. Er mag mich, und ich mag ihn auch. Er scheint eine Art Seelenführer für mich zu sein. Allmählich lerne ich, mich hier zurecht zu finden. Aber damit ist die Frage noch nicht geklärt: Werde ich hier bleiben oder gehe ich?

Die Träumende empfindet die wilde, naturhafte Umgebung, mit der sie in ihrem Traum in ersten Kontakt tritt, zunächst als fremd. Aber ihr „Seelenführer“ hilft ihr, sich in dem ungewohnten Umfeld zurecht zu finden. Zwar steht ihre endgültige Entscheidung noch nicht fest, ob sie mit der neu gefundenen wilden Kraft in sich künftig weiter leben wird. Aber die Frage ist gestellt. Die Chance zu einem lebendigen Leben besteht damit.

Im Traum eines etwa 50-jährigen Mannes zeigt sich die „wilde Kraft“ in einer eher als gefährlich empfundenen Form:

Der Leopard

Ich bin in einer ehemaligen Fabrikhalle. Die Durchgänge zwischen den einzelnen Räumen und die Fenster in dem Gebäude bestehen nur aus leeren Öffnungen. Es gibt keine Türen, die sich schließen lassen. Draußen scheint die Sonne. Das Fabrikgebäude ist umgeben von üppig wachsenden Bäumen und Sträuchern.

In dem Gebäude hält sich irgendwo ein Leopard versteckt, der mir nach dem Leben trachtet. Nirgends bin ich sicher vor ihm. Ab und zu sehe ich ihn aus der Entfernung in einem der Räume. Doch blitzschnell ist er wieder verschwunden.

Dann plötzlich greift er mich mit einem Sprung an. Ich springe ebenfalls hoch und passe mich seiner Bewegung an. Dabei gelingt es mir, ihm ein Messer in den Leib zu rammen. Ich bin stolz, dass ich dieses gefährliche Tier erlegt habe und nun nicht mehr ständig in Angst vor dieser ungewiss lauernden Gefahr leben muss.

In der Traumsprache steht der Leopard als Bild für Lebenskraft, Leidenschaftlichkeit, Emotionen, männliche Triebenergie und Aggression im positiven wie im negativen Sinne. Das Messer gilt ebenfalls als Ausdruck von Aggression. Möglicherweise fürchtet der Träumende sich vor seiner „wilden Kraft", vor seiner Triebenergie und seinen Emotionen. Er ist stolz und erleichtert, dass es ihm gelungen ist, sie abzutöten. Nur: Wird ihm diese Lösung auf Dauer weiterhelfen?

7. Meditative Begegnungen mit dem Wilden

Dieses Kapitel stellt Ihnen eine Methode vor, die hilft, sich selbst, den eigenen Wahrnehmungen, Ängsten, Wünschen, Gefühlen und damit der eigenen Wildheit intensiver zu begegnen. Mit dieser Methode können Sie lernen, stärker auf Ihre inneren Bilder zu achten. Einzelheiten dazu erfahren Sie in den folgenden Kapiteln über Krafttiere und Helferwesen. Hier geht es zunächst einmal darum, durch tiefe Entspannung die Voraussetzung für die Kontaktaufnahme mit dem eigenen Inneren zu schaffen.

Vielleicht wenden Sie ja bereits eine meditative Entspannungsmethode in Ihrem Leben an. Dann können Sie diese selbstverständlich weiter benutzen und mit ihr neue Erfahrungen gewinnen. Wenn Sie aber noch keine solche Methode beherrschen und Interesse haben, eine kennen zu lernen, dann finden Sie sie hier. Diese Methode ist praxiserprobt und hat sich überall in der Welt bewährt. Sie ist äußerst wirksam und leicht zu erlernen. Man braucht nicht viel mehr zu tun, als einfach nur bewusst zu atmen.

Unser Atem fließt ununterbrochen. Fühlen wir uns ruhig und ausgeglichen, so fließt auch der Atem ruhig. Bei heftigen Gemütsbewegungen geht dagegen auch unser Atem heftig. Der Atem ist tief mit unserem Leben, mit unserem Körper, aber auch mit unseren jeweiligen Gefühlszuständen verbunden. Indem wir uns unseren Atem bewusst machen, versetzen wir unseren Geist und Körper in den gegenwärtigen Augenblick.

Am besten probieren Sie gleich selbst einmal aus, wie das achtsame Atmen im praktischen Leben funktioniert. Halten Sie an dieser Stelle für ein paar Augenblicke beim Lesen inne und führen Sie die folgende kleine Übung durch. Dazu reichen fünf Minuten aus oder sogar nur fünf Sekunden.

Entspannen

Versuchen Sie, den Atem zu spüren, wie er in Ihren Körper hinein- und wieder aus ihm herausströmt. Machen Sie sich beim Einströmen des Atems bewusst, dass er einströmt, und beim Ausströmen, dass er ausströmt.

Wahrscheinlich werden Sie bei diesem Versuch schnell spüren, dass Ihr Geist, wie bei allen Menschen, ein Eigenleben führt. Sie werden spüren, dass Ihr Geist ständig abschweifen will, in die Vergangenheit, in die Zukunft. Von einem Gedanken springt er zum anderen und von einem Gefühl zum nächsten. Noch sprunghafter verhält er sich, wenn wir unter Zeitdruck stehen oder wenn wir versuchen, irgendwelche akuten Probleme zu lösen.

Wenn Sie zum ersten Mal inne halten, um ein paar Minuten lang Ihrem Atem zu folgen, werden Sie diese Eigenheit Ihres Geistes sehr schnell bemerken, selbst in einer ruhigen, meditativen Situation.

Durch regelmäßiges Üben entsteht immer mehr Vertrautheit mit Ihrem Atem. So wird es Ihnen möglich sein, jeden Augenblick immer stärker und bewusster zu erleben.

Je länger Sie daran arbeiten, Ihren Atem bewusst wahrzunehmen, umso mehr persönlichen Nutzen wird Ihr Üben Ihnen bringen. Der gegenwärtige Augenblick wird Ihnen in einem helleren Licht erscheinen und Ihnen helfen, tiefe Ruhe und Klarheit zu finden.

Sie können Ihren Atem in jeder Situation bewusst wahrnehmen, mag sie auch noch so bedeutungslos erscheinen. Die Übung erfordert kaum zusätzliche Zeit, sondern nur, dass wir uns immer wieder daran erinnern, sie auszuführen. Beim Kochen, Einkaufen, Reinigen der Wohnung, während der beruflichen Arbeit, beim Gespräch mit Freunden, Partnern, Kindern, selbst wenn Sie nur dasitzen und Angst haben oder sich Sorgen machen – in allen diesen Situationen können Sie den Atem nutzen, um sich stärker in der Gegenwart zu verwurzeln.

Am besten wiederholen Sie diese kleine Übung von Zeit zu Zeit, indem Sie beim Lesen inne halten. Lassen Sie sie zu einem festen Bestandteil Ihres täglichen Lebens werden, indem Sie jeden Tag eine bestimmte Zeit für Ihre Übung reservieren. Das kann morgens nach dem Aufwachen sein oder abends vor dem Einschlafen oder auch irgendwann mitten am Tage. Wichtig ist nur, dass Sie sich ungestört Zeit für Ihre Übung nehmen können.

Ob und wie viel Sie üben wollen, bleibt Ihnen völlig selbst überlassen. Schon eine oder zwei Minuten sind ein guter Anfang. Er bedeutet, dass Sie sich bereits bewusst sind, welchen Wert es hat, inne zu halten und sich vom Tun dem Sein zuzuwenden, selbst wenn es nur für einen kurzen Augenblick ist. Nach und nach dehnen Sie diese Übung immer länger aus: 10 Minuten, 20–30 Minuten, manche üben sogar 40 Minuten oder länger. Doch es kommt nicht so sehr auf die Zeitdauer an. Fünf Minuten Meditation können eine ebenso tiefe Wirkung haben wie eine Übung von 45 Minuten Dauer. Entscheidend ist die Intensität, mit der Sie üben.

Setzen Sie sich anfangs zum Meditieren aufrecht auf einen Stuhl. Stellen Sie das Telefon ab, wenn Sie während Ihrer Übung nicht gestört werden wollen. Je mehr Ihnen die Übung in Fleisch und Blut übergeht, umso unabhängiger werden Sie von äußeren Störungen sein.

Taucht irgendwann Ungeduld oder Rastlosigkeit während des Übens in Ihnen auf? Oder Angst? Langeweile? Zeitdruck? Schläfrigkeit? Oder schmerzt Ihr Körper an irgendeiner Stelle? Oder treten Fragen auf wie: Mache ich das alles richtig? Ist das alles, was ich spüren soll? – Versuchen Sie, diese Zustände einfach nur zu betrachten und sie vorhanden sein zu lassen, ohne sie zu beurteilen und sich selbst zu verurteilen.

Da Sie praktisch nicht viel zusätzliche Zeit für Ihre Übung benötigen, müssen Sie lediglich immer wieder einmal daran denken, sie auszuführen und Ihre Aufmerksamkeit auf den Atem zu richten.

Bei dieser Meditation geht es nicht darum, bestimmte Gefühle zu erleben. Es geht auch nicht darum, den Geist leer zu machen oder ihn zu beruhigen, obwohl solche Wirkungen natürlich immer auch eintreten. Aber sie sind nicht das eigentliche Ziel. Eher geht es darum, durch Wahrnehmen unsere Gedanken und Gefühle zu erreichen und uns nicht von ihnen mitreißen zu lassen. Jon Kabat-Zinn, international anerkannter Verhaltensmediziner und Leiter einer Klinik für Stressbehandlung in den USA, bezeichnet Meditation als tatsächlich die einzige menschliche Aktivität, bei der man nicht versucht, irgendwo anders hinzugelangen, sondern einfach zulässt, dass man dort ist, wo und wie man ohnehin schon ist. Manche Menschen bezeichnen Meditation als eine „Bewusstseinsdisziplin". In jedem Falle kann sie ein Pfad der Selbstentwicklung sein, auf dem sich die Wahrnehmung des Bewusstseins und der eigenen Anschauungen verfeinert.

Loslassen

Natürlich erfordert das Durchhalten der Meditation Energie und Ausdauer. Aber schwierig ist die Übung nicht. Jeder Mensch kann sich hinsetzen und den eigenen Atem beobachten. Man braucht dazu nicht einmal zu sitzen. Sie können auch beim Gehen, Stehen und Liegen üben oder während Sie laufen oder ein Bad nehmen. Doch um auch nur fünf Minuten lang bei dieser Übung zu bleiben, brauchen Sie schon ein gewisses Maß an Entschlossenheit und Disziplin. Doch die Ausdauer lohnt sich. Wahrscheinlich sind solche Augenblicke des Nicht-Tuns die größten Geschenke, die wir uns in unserem Leben selbst bereiten können.

Die Konzentration auf den Atem und auf den Körper bedeutet nicht, dass Sie irgendetwas an dem, was ohnehin geschieht, verändern sollen. Sie brauchen nur wahrzunehmen, was in Ihrem Körper vor sich geht und sich dabei der mit dem

Atem verbundenen Empfindungen bewusst werden. Vielleicht spüren Sie, wie die Luft durch die Nasenöffnungen ein- und ausströmt oder wie sich die Bauchdecke hebt und senkt. Wenn Sie sich angespannt fühlen, dann nehmen Sie die Angespanntheit zur Kenntnis. Wenn Sie sich wütend fühlen, dann akzeptieren Sie, dass Sie wütend sind. Wenn Sie sich müde fühlen, dann sind Sie eben müde. Das ist alles. Sie nehmen einfach nur bewusst Ihren Geist und Körper wahr. Bei der Übung versuchen wir, uns auf unsere Erfahrung in jedem Augenblick zu konzentrieren, ohne uns anzustrengen, ohne zu bewerten, ohne darauf zu reagieren. Wir nehmen einfach nur wahr, was da ist und versuchen, die Neigung loszulassen, uns mit unseren Gefühlszuständen zu identifizieren. Wir sind nicht unsere Wut. Wir sind nicht unsere Wildheit. Wir sind nicht unsere Müdigkeit. Wir sind nicht unsere Traurigkeit. In Wahrheit sind wir viel mehr – in jedem einzelnen Augenblick unseres Lebens.

Sie folgen nicht dem Inhalt Ihrer Gedanken. Ebenso wenig versuchen Sie, irgendwelche Aktivitäten Ihres Geistes zu unterdrücken. Vielmehr nehmen Sie sie einfach nur zur Kenntnis, lassen sie so sein, wie sie sind, lassen sie los und kehren zur Wahrnehmung Ihres Atems zurück.

Vielen Menschen ist es zu einer festen Gewohnheit geworden, sich im Verlauf des Tagesgeschehens einfach für kurze Zeit ruhig hinzusetzen. Das geschieht in der Form der Meditation, oft aber auch darin, einige Minuten lang vom fortdauernden Fluss der Alltagseindrücke abzuschalten. Ganz einfach ist das nicht immer. Irgendetwas ist immer um uns, das Aufmerksamkeit verlangt: Ein Problem will gelöst, ein Anruf erledigt werden. Das alles könnte ja auch interessanter sein als einfach nur still dazusitzen. Erst wenn Sie sich still hinsetzen, merken Sie, wie unzählig viele Anreize um Sie ständig herumschwirren und an Ihnen zerren. Sie brauchen also schon ein gewisses Maß an Selbstdisziplin, wenn Sie sich dem allen entziehen wollen. Dann aber werden Sie sich bald nach den stillen Augenblicken sehnen, in denen Sie wirklich Sie selbst sein können.

Und langsam beginnt sich Ihr Selbstbild zu verändern, ihre Art, die Probleme um Sie herum zu betrachten, wird eine andere.

In diesem Innehalten steckt eine Jahrtausende alte Weisheit. Alle großen Weltreligionen haben um den Wert und die Notwendigkeit des meditativen Innehaltens mitten im Lebensstress gewusst. Andere, uns verwandte Lebewesen legen stets während des Futtersammelns, Nestbauens oder Umherstreifens Pausen ein. Nur wir modernen Menschen sind im Begriff, den geregelten Wechsel zwischen Ruhe und Aktivität aufzugeben und durcheinander zu werfen – mit verheerenden Folgen für unsere Gesundheit und Lebensqualität.

Die Art zu atmen

Ganz gleich, ob Sie regelrecht meditieren oder sich nur ein paar Minuten Zeit am Küchentisch nehmen: Wichtig ist, sich innerlich bewusst aus dem Geschehen herauszunehmen. Achten Sie einfach auf die Art, wie Sie atmen, während Sie da sitzen.

Ihre Stilleübung können Sie allein durchführen. Ebenso gut ist es möglich, sich einer Meditationsgruppe an Ihrem Wohnsitz anzuschließen, die sich regelmäßig trifft. Dort sind Anfänger immer willkommen und sie erhalten Anleitung.

Es gibt keinen Ort und keine Zeit, die für Ihre Meditationsübung unpassend wären. Wenn Sie mit dem Wagen unterwegs sind, können Sie auf einem Parkplatz kurz anhalten. Oder zu Hause zwischen zwei Telefongesprächen innehalten. Sie können sich auch jeden Tag eine bestimmte Zeit für Ihre Übung reservieren. Die Morgen- und Abendstunden sind dafür besonders geeignet. Manche Menschen zünden dabei eine Kerze an oder sie brennen etwas Weihrauch ab. Andere verzichten auf solche Hilfen. Im Laufe der Zeit werden Sie ganz von selbst Ihre eigenen Gewohnheiten entwickeln, mit denen Ihnen das zeitweise Aussteigen aus dem Alltagsgeschehen am besten gelingt. Wenn Ihnen zu Anfang Ihre Gedanken entwischen und abschweifen wollen, sitzen Sie einfach trotzdem weiter. Sehen Sie dem allen zu und lassen Sie es vorüberziehen. Kehren Sie mit Ihrem Bewusstsein einfach immer wieder zu Ihrem Atem zurück. So wird alles ganz von sich aus zur Ruhe kommen, ohne dass Sie Ihr Denken „künstlich" bremsen müssen.

Vielen Menschen bringt diese Übung großen Gewinn. Aber am hilfreichsten ist es, wenn Sie keine konkreten Erwartungen entwickeln, sondern einfach zusehen, was dabei herauskommen will. Versuchen Sie, ganz einfach offen zu sein für jede Erfahrung, die sich einstellt, für jede Begegnung, für Bilder, die sich vor Ihrem inneren Auge einstellen wollen oder für die Begegnung mit Ihrer Wildheit. Dazu mehr in den folgenden Kapiteln.

8. Wilde Krafttiere

Tieren erkennen wir bestimmte Eigenschaften zu: Der Fuchs gilt schon in den alten Fabeln als besonders schlau. Löwen finden sich wegen ihrer Kraft nicht zufällig immer wieder als Wappentiere. Ähnliches gilt für den Adler, der seinen Herrschaftsbereich hoch oben über allem Geschehen in den Lüften und in unzugänglichen Felsen hat. Aufgrund dieser Eigenschaften eignet er sich besonders als Sinnbild von Macht, auch von Freiheit und Unabhängigkeit und wurde damit zum Wappentier vieler Staaten. Rehe gelten als scheu, Kühe als Spender mütterlicher Wärme und Energie. Die Reihe der Symboltiere ließe sich lange fortsetzen.

Bei vielen Naturvölkern verkörperten bestimmte Tiere einen speziellen Geist, eine besondere Energiequalität. Gemeint war dabei nicht ein konkretes Tier, also nicht ein bestimmter Bär, sondern der Bär an sich. Das schloss nicht aus, dass sie einem Bären in seiner konkreten Erscheinungsform nicht ebenfalls die typische Qualität der Bärenenergie zuerkannten. Aber sie verehrten den Bärengeist als solchen. Und mit ihm traten sie in Kontakt, wenn sie seinen Rat, seine Hilfe oder seine Kraft benötigten. Wer nicht in Beziehung zu einem Krafttier stand oder diese Verbindung durch Nachlässigkeit verloren hatte, befand sich nach ihrer Auffassung in einer sehr schwachen und verletzlichen Situation. Denn er hatte den Kontakt zu seiner eigenen Tiernatur eingebüßt. Das dürfte für die meisten in den Industrienationen lebenden Menschen zutreffen.

Doch selbst in hoch technisierten, der Natur in vieler Hinsicht entfremdeten Kulturen lebt die Kraft der Tiere noch in der Sprache weiter. Da gibt es Gasthöfe zum Hirschen oder zum Ochsen. Jemand ist schlau wie ein Fuchs, stark wie ein Löwe, scheu wie ein Reh oder hat einen Bärenhunger. Selbst die moderne Sprache der industriellen Werbung beschwört noch immer besondere Tierkräfte, indem sie bestimmte Tiersymbole als Embleme benutzt. Der Werbespruch „Pack den Tiger in den Tank“ beispielsweise war lange Zeit ein gewaltiger Erfolg für den Esso-Konzern.

Wie findet man sein persönliches Krafttier? – Bei den Naturvölkern war es nicht so, dass sich jeder sein Krafttier suchte, sondern das Tier kam zu ihm. Das geschah entweder in realen Begegnungen in der Natur, meist aber in Visionen, Träumen oder spontanen Tänzen. Oft sind es wiederkehrende Träume, in denen ein bestimmtes Tier eine wichtige Rolle spielt. Manchmal begegnet man diesem Tier zunächst mit Angst, mit Ehrfurcht. Aber viele Menschen erleben es als hilfreich und beschützend.

Auch für uns in einer hoch entwickelten Zivilisation lebenden Menschen ist es möglich, die Beziehung zu einem Krafttier aufzubauen und zu pflegen. Kindern fällt es noch immer ausgesprochen leicht, solche Begegnungen herbeizuführen. Denn ihre Nähe zur Natur ist noch unmittelbarer erhalten als bei Erwachsenen. Sie kennen oftmals ihr Lieblingstier, begegnen ihm im Traum oder fühlen sich im Zoo auf seltsame Weise zu bestimmten Tieren hingezogen.

In unserer westlichen Kultur gibt es aber auch schon viele Erwachsene, die einen Kontakt zu ihrem persönlichen Krafttier aufgebaut haben. Wenn sie ein schwieriges Problem haben, sich krank fühlen oder sonst Hilfe brauchen, dann wenden sie sich in der Meditation mit ihrem Anliegen an ihr Krafttier.

Bei den Indianern Nordamerikas gab es einen Mythos, den eine Generation an die nächste weitergab. Dieser Mythos erzählt davon, dass die Tiergötter weggingen, als die Menschen sich fortentwickelten. Aber sie gingen nicht sehr weit weg, nur soweit, dass sie noch immer das tägliche Leben der Menschen beeinflussen konnten, genauso trickreich, emotional, unvorhersehbar und kraftvoll wie in den alten Zeiten.

Ihre Tiergötter waren weit davon entfernt, tugendhaft und vollkommen zu sein. Im Gegenteil: Sie glichen Menschen und Tieren aus Fleisch und Blut. Nur verfügten sie über weit mehr magische Kräfte. Wenn jemand Glück in der Liebe hatte oder beim Spiel, bei der Jagd oder in Gesundheitsdingen: Alles, was im Leben jedes einzelnen Stammesangehörigen geschah, hatte mit dem Einfluss dieser Tiergötter zu tun. Deshalb bemühte sich jeder einzelne, nicht nur der Schamane, eine besonders intensive Beziehung zu einzelnen Tiergöttern herzustellen und sie zu pflegen.

Einen besonders wichtigen Raum zur Kontaktpflege sahen sie in der Welt der Träume. Die Träume waren für sie ebenso real wie das Tagesgeschehen. Sie unterschieden nicht zwischen den verschiedenen Bewusstseinsebenen des Tages und der Nacht.

Bei uns modernen Zivilisationsmenschen ist es im Allgemeinen so: Je mehr wir uns mit den Krafttieren beschäftigen, umso intensiver gestaltet sich der Kontakt zu ihnen. Sie können uns warnen, uns wertvolle Hinweise in schwierigen Situationen geben oder uns helfen, Probleme in unserem Leben plötzlich anders zu sehen, sie zu verstehen und auf diese Weise zu Problemlösungen zu kommen. Von Helfertieren träumen selbst Menschen, die in ihrem täglichen Leben keinerlei Beziehungen mehr zu Tieren haben, fanden Traumforscher heraus.

Aber auch im Wachleben kann man die Begegnung mit Krafttieren fördern. Dafür eignet sich die folgende Übung:

Begegnungen mit Krafttieren

- Schließen Sie die Augen und entspannen Sie sich nach der in Kapitel 7 beschriebenen Methode oder nach einer anderen, die Ihnen vertraut ist.
- Wenn Sie sich tief entspannt fühlen, begeben Sie sich auf die innere Reise: Stellen Sie sich vor Ihren Augen das Bild einer Landschaft vor. Das kann eine Wiese, ein Waldrand, der Meeresstrand oder auch der Eingang einer Höhle sein. Erlauben Sie nun dem Bild eines Tieres, diese Landschaft zu

betreten. Oder denken Sie nur einfach den Namen eines Tieres, der ihnen einfällt. Wenn sich Ihnen ein Tier allzu bedrohlich nähert, mit gefletschten Zähnen etwa, so gibt es zwei Möglichkeiten: Sie können ihm aus dem Wege gehen und sich in einer späteren Begegnung mit ihm auseinandersetzen, wenn Sie genügend Schutz haben. Die zweite Möglichkeit ist, Sie versuchen mit diesem Tier zu sprechen, es zu füttern, zu streicheln oder sonstwie mit ihm Kontakt aufzunehmen. Erfahrungsgemäß wirkt es dann schon bald weniger Furcht erregend, sondern hilfreich.

- Sobald ein Tier auftritt, fragen Sie es nach seinen besonderen Eigenschaften. Hören Sie ihm gut zu, auch wenn es Ihnen vielleicht so vorkommt, als ob Sie selbst die Antwort geben. Am Anfang hat man manchmal diesen Eindruck. Mit ein wenig Erfahrung lernt man jedoch sehr genau, den Unterschied zu spüren.
- Manchmal begegnet man nacheinander mehreren Tieren. (C.G. Jung berichtet über sieben verschiedene Begegnungen mit dem Symbol des Fisches innerhalb von wenigen Tagen) Das Tier, das sich wiederholt einstellt oder häufiger als Führer auf Ihrer Reise auftritt, hat für Sie besondere Bedeutung. Denn es ist Ihr Krafttier.
- Bedanken Sie sich am Ende jeder Kontaktaufnahme bei Ihrem Tier für seine Informationen und für die Begegnung mit ihm.

Kontaktpflege

Eine gute Möglichkeit, den Kontakt zu Ihrem Helfertier herzustellen und zu intensivieren ist, sich wie dieses Tier zu bewegen, spielerisch, so wie Kinder dies tun. Für diese Übung brauchen Sie einen Raum, in dem Sie ungestört sind, und bequeme Kleidung. Entspannen Sie sich zunächst wieder und schließen Sie Ihre Augen. Begrüßen Sie mental Ihr Krafttier und erlauben Sie seinem Wesen, Sie zu durchströmen. Werden Sie selbst zu diesem Tier, so gut Sie können, so wie ein Kind beim Spielen. Nehmen Sie die Haltung dieses Tieres und seine typischen Bewegungen an. Spüren Sie das Gefühl von Stärke, Anmut oder Kraft, das dieses Tier ausstrahlt. Sehen Sie mit seinem Augen.

Wenn Sie den Eindruck haben, dass die Kraft nachlässt, danken Sie dem Tier und nehmen Sie wieder Ihre normale Haltung ein.

Später können Sie dieses Tier malen, zeichnen oder auch in Ton modellieren, ganz wie es Ihnen richtig erscheint. Sie können auch einen Tanz für dieses Tier tanzen, der typische Bewegungen dieses Tieres enthält, oder ein Lied für dieses Tier singen – ganz nach Ihrer persönlichen Begabung und wozu Sie Lust haben.

Solche Übungen stammen ursprünglich aus dem Schamanismus. Sie haben sich aber auch in unterschiedlichen modernen Therapieformen bewährt. Den meisten Menschen gelingt es, sie ohne Schwierigkeiten allein für sich durchzuführen. Ich selbst habe über viele Jahre in der Arbeit mit therapeutischen Gruppen und persönlich Erfahrungen im Umgang mit Krafttieren und mit inneren Bildern sammeln können. Sie gehören mit zu den wertvollsten in meinem Leben. Sie fördern den Kontakt zu den wilden Wurzeln ungemein.

Krafttiere als Nothelfer

Wenn eine gute Beziehung zu Krafttieren aufgebaut ist, kann man diese Tiere in schwierigen Situationen herbeirufen und um ihren Rat oder ihre Hilfe bitten. Manchmal sprechen sie in der Sprache der Menschen zu uns. Oft benutzen sie Symbole, die ähnlich wie die Sprache unserer Träume erst entschlüsselt werden müssen.

Hilfe kann man von Krafttieren in den unterschiedlichsten Lebenssituationen erbitten. Der US-Psychologe José Stevens und seine Frau Lena, beide im Umgang mit Krafttieren erfahren, berichten von mehreren schwierigen Situationen, in denen sie Helfertiere mit Erfolg angerufen haben.

Einmal steckten sie mit ihrem Auto im tiefsten Winter im Schnee in den Bergen fest. Kein Schneeräumdienst fuhr mehr und weit und breit war kein Mensch erreichbar. Sie stellten sich schon darauf ein, im Auto übernachten zu müssen, als Lena schließlich ihr Krafttier um Hilfe bat. Und siehe da: Nach Stunden des Wartens kam ein privates Schneeschiebefahrzeug „zufällig" vorbei, hinter dem sie herzockeln konnten.

Ein andermal, im Urlaub, saßen sie infolge einer Fehlbuchung auf einem kleinen Flughafen fest. Kein Flug war über das Wochenende möglich. Schließlich versuchten sie, den Kranich als Krafttier anzurufen. Er brachte Hilfe in Gestalt eines „zufällig" landenden Posthubschraubers, der bereit war, die beiden Gestrandeten zwischen Postsäcken mitzubefördern.

Hilfe durch Krafttiere ist auch in anderen Problemsituationen erreichbar: Etwa wenn es um Kraft für wichtige geschäftliche Unternehmungen, Sportwettkämpfe, kreative Ideen für künstlerische oder literarische Projekte geht. Manche Menschen erhalten auf diese Weise Hinweise, wo sich ein verlorener Gegenstand befindet, oder es gelingt ihnen, wieder Kontakt zu jemandem aufzunehmen, dessen Spur sie verloren haben. Andere wieder vertrauen Helfertieren den Schutz vor ansteckenden Krankheiten, die Heilung von einer Krankheit oder die Bewachung ihrer Hauses an, während sie auf Reisen sind. Auch über erfolgreiche Hilfe bei Prüfungen, beim Gartenbau und der Verbesserung der Beziehungen zu Partnern, Verwandten und Vorgesetzten wird berichtet.

Krafttiere scheinen gern zu helfen. Doch sie möchten auch anerkannt und mit Achtung behandelt werden. Sonst wenden sie sich einfach anderen zu.

9. Engel und Helferwesen

In früheren Zeiten war der Abstand zwischen unserer Alltagswelt und dem dahinter liegenden Reich des Unsichtbaren längst nicht so groß wie für uns heute. Jede Quelle, jede Höhle, jeder hohle Baum konnte die Schwelle zu einer anderen Welt sein. Die Bäche murmelten. Und der Wind flüsterte uralte Worte in die Ohren eines jeden, der ihm zuzuhören verstand. Jeder Grashalm, jede Blume erzählte eine Geschichte. Wälder waren nicht nur eine Ansammlung von Bäumen. Alles in der Natur war erfüllt von Leben und hatte einen Sinn. Zwischen den Welten herrschte eine rege Verbindung.

Heute ist der Zugang zum Reich der Feen und Elfen schwieriger geworden. Wir haben verlernt, mit den Augen eines Kindes, eines Künstlers, eines Sehers oder Schamanen zu sehen. Wenn wir uns aber auf die alten Mythen einstimmen, wird auch unsere Psyche wieder bereit, sich auf das Reich der Feen und Elfen einzulassen. Das schärft unsere Wahrnehmungsfähigkeit, bringt Farbe, Kreativität in unser Leben und öffnet die Sinne für unsere ursprüngliche wilde Intuition.

Wesen mit übernatürlichen Fähigkeiten

Wer sich mit den alten Volksmärchen und -mythen beschäftigt, stößt dort immer wieder auf Wesen mit übernatürlichen Fähigkeiten. Sie helfen den Menschen, leiten sie, geben ihnen wichtige Hinweise auf ihrem Weg und verändern ihr Schicksal oft von Grund auf. Manchmal sind es auch Tiere, die den Menschen Schutz bieten und ihnen besondere Eigenschaften und Kräfte verleihen. Das geschah vor allem in den alten schamanischen Kulturen, bei den Kelten ebenso wie bei den Indianern in Amerika. Manchmal war es das Orakel einer Quelle oder eines Baumes, das das Schicksal eines Menschen beeinflusste.

Dann wieder begegnete ein alter Mann oder eine alte Frau den Menschen auf ihrem Weg und gab ihnen weisen Rat. Ein anderes Mal waren es Feen und Elfen, die den Menschen halfen und sie beschützten.

Schutzengel, innere Helfer oder geistige Führer kannten schon die Germanen. Sie nannten sie *fylgjur,* die unsichtbaren Freunde und Gefährten. Und ihren Gott Odin begleiteten zwei weise Raben, Hugin und Munin. Sie saßen auf seinen Schultern und versorgten ihn mit Informationen aus aller Welt und guten Ratschlägen.

Der griechische Philosoph Sokrates hatte sein *Daimonion.* Das beschrieb er als innere Stimme. Sie warnte ihn in schwierigen Situationen. Der irische Schriftsteller und Nobelpreisträger William Butler Yeats (1865–1939) schrieb seine späten Gedichte mit Hilfe von zwei geistigen Helfern, die er als *instructors,* seine Lehrer also, bezeichnete. Sie lieferten ihm kraftvoll bildhafte Ausdrücke für seine Poesie.

Der Philosoph Giordano Bruno (1548–1600) drang durch eine Lichterfahrung zu einem Wissen vor, das er „auf normalem Wege" nicht hätte erlangen können. Er erkannte, dass die Erde an den beiden Polen abgeflacht ist und Nord- und Südpol von Zeit zu Zeit ihre Positionen tauschen, dass die Sonne sich um ihre eigene Achse dreht und hinter Saturn noch weitere Planeten existieren. Er nahm damit, im Ansatz zumindest, die Keplerschen Gesetze und Teile von Einsteins Relativitätstheorie vorweg. Damit eilte er den Erkenntnissen seiner Zeit um mehrere Jahrhunderte voraus.

Auch sein Landsmann Dante (1265–1321) hat, wie er selbst schreibt, seine Göttliche Komödie nach innerem Diktat aufgezeichnet. Sie gilt als eines der größten Werke der Dichtkunst. Ihn begleiteten auf seiner Reise von der Unterwelt in die Überwelt zwei Helfer.

Auf einem sehr berühmten Bild von Hieronymus Bosch (um 1450–1516) ist der später auf Grund von Nahtoderfahrungen bekannte Tunnel aus Licht abgebildet. Außerdem kann man darauf eine Seele erkennen, die von Helfern begleitet wird.

Helferwesen kennen wir aus allen Kulturkreisen. Sie können unterschiedlichste Gestalt annehmen. Manchmal treten sie als Lichterscheinungen auf, als Tiere, als menschliche Wesen, zum Beispiel als alter Mann oder alte Frau. Als Engel mit Flügeln, selbst als Comicfiguren erscheinen sie. Und sie wissen mehr als uns mit unserem Alltagsbewusstsein zugänglich ist. Sie helfen und geben Rat, wenn wir nur offen dafür sind.

In der modernen Psychotherapie sieht man all diese Wesen eher als innerpsychische Kräfte an, mit denen wir zum Beispiel durch Fantasiereisen in Kontakt treten und ihre helfenden Kräfte nutzen können.

Mir persönlich sind eine ganze Reihe von Menschen bekannt, die regen Kontakt zu Krafttieren, Engelwesen und allerlei Schutzgeistern pflegen, um sich in schwierigen Lebenssituationen von ihnen helfen zu lassen. Dabei handelt es sich um Menschen, die mit beiden Beinen fest im Leben stehen und alles andere als abgehoben sind.

Nach einer Umfrage glauben rund 80 Prozent aller Deutschen an die Existenz von Engeln.[30] Viele von ihnen räumen den Engeln einen festen Platz in ihrem Leben ein. In fast allen Religionen der Welt spielen Engel eine wichtige Rolle. In der Bibel treten sie immer wieder als Boten Gottes in Erscheinung, oftmals im Traum. Am bekanntesten ist der Traum Jakobs von der Himmelsleiter. Jakob träumt ihn in einer Situation äußerster Verlassenheit, allein, auf der Reise in ein unbekanntes Land. Erschöpft schläft er ein und sieht in seinem Traum eine Leiter, auf der Engel zwischen dem Himmel und der Erde hin- und her gehen:[31] ein Bild lebhafter Kommunikation zwischen der irdischen und der göttlichen Welt.

---

[30] Bio 5/2005, 97

[31] Genesis 1. 28, 11–13

Kommunikation mit Helferwesen

Auch für uns Normalbürger ist es möglich, die Gegenwart von Engeln zu erfahren. Oftmals geschieht das spontan und unerwartet. Wir spüren die Nähe von Engeln als Gefühl von Glück oder Kraft, Klarheit oder Licht, das uns erfüllt. Manchmal erscheinen uns Engel im Traum. Geschieht das, so bleibt nach dem Erwachen fast immer ein starkes Glücksgefühl, das noch lange Zeit vorhält.

Wir können uns für die Begegnung mit Engeln öffnen, aber sie nicht erzwingen. Der Schleier, der zwischen unserer Welt und der Welt der Engel besteht, ist hauchdünn. Ihn zu überwinden, ist nicht schwer.

Wir können es zu einer regelmäßigen Gewohnheit werden lassen, uns in der Meditation bewusst vorzustellen, dass Engel uns umgeben. So entwickeln wir eine höhere Sensibilität für ihre Welt. Je regelmäßiger wir den Kontakt zu Engeln und Helferwesen pflegen, umso intensiver entwickelt sich unsere Beziehung zu ihnen. Wir erfahren, wie viel Kraft uns durch sie zufließt. Viele Menschen bitten die Helferwesen um Rat und Hilfe in schwierigen Situationen. Sie erfahren, wie sie dabei über sich selbst hinauswachsen und imstande sind, Dinge in ihrem Leben zu verwirklichen, die sie sich zuvor niemals zugetraut hatten.

Bruno Vonarburg, Schweizer Autor und Experte in der Kommunikation mit Engelwesen, empfiehlt in einem Interview, die einseitig rationale Weltsicht, zu der wir modernen westlichen Menschen neigen, im Umgang mit Engeln aufzugeben: „Oft trachten wir danach, die Engelwelt allein mit unserem Verstand zu erfassen. Doch erst wenn wir unseren Verstand für kurze Zeit auf Urlaub schicken und die Gedanken zur Ruhe bringen, gelangen wir in einen Zustand der inneren Stille, in der das himmlische Licht an uns herantreten kann."[32]

---

32 Bio 5/2005, 99

Wir können uns für die Begegnung mit der Welt der Engelwesen öffnen, indem wir öfters einmal Abstand zu unserem Alltag schaffen. Das geschieht in der Meditation, im Gebet, an geweihten Orten, in der Stille der Natur, am Wasser, oder einfach, indem wir eine Kerze anzünden.

Wenn Sie alte heilige Quellorte in der Natur aufsuchen, versuchen Sie, sich dort auch auf die Gegenwart von Engelwesen oder Naturgeistern einzustellen und mit ihnen meditativ Kontakt aufzunehmen, selbst wenn Sie sie nicht sehen können und Ihnen diese Möglichkeit ungewohnt erscheint. Offenbar ist es so, dass wir wieder mit den Augen der Kinder sehen lernen müssen, um den Zugang zu einer Welt voll Spiritualität, Fantasie und unerschöpflicher Kreativität neu zu finden.

10. Wildheit und Kreativität

Kreativität ist wie Spiel. In diesem Spiel treten wir intensiv in Kontakt zu unseren tieferen Wurzeln. Dabei erfahren wir die vielen Möglichkeiten, die in uns angelegt sind und darauf warten, sich entfalten zu dürfen. Kreativität ist, etwas zu sehen, das noch nicht existiert, und dann herauszufinden, wie man es in diese Welt bringen kann. Kreativität ist ursprüngliche Schöpferkraft, die darauf wartet, herausgelassen zu werden, in die Welt kommen zu dürfen.

Künstler als Wilde – und wir?

Unter den Künstlern findet sich von jeher der größte Anteil an Menschen, die die Kraft, aus ihren wilden Wurzeln zu leben, aufnehmen, verstehen und umsetzen. Oft geraten sie damit in Widerspruch zu den bürgerlichen Normen der Gesellschaft, erregen Anstoß und stoßen neue Sichtweisen an. Sie erscheinen rücksichtslos, hoch kreativ, originell, einmalig und sind äußerst sensibel in ihrer Wahrnehmung geistiger Einflüsse der Kultur, in der sie leben. Die Kraft ihrer Kreativität nährt sich aus ihren wilden Wurzeln, intensiv, bedingungslos, wo immer sie leben – quer durch die Geschichte der Menschheit und über alle Ländergrenzen hinweg.

Begegnung mit dem Wilden in uns geschieht bei jeder Form kreativer Arbeit. Sie muss nicht höchsten künstlerischen Ansprüchen genügen. Viel wichtiger daran ist, der eigenen Wildheit zu begegnen, indem man seine eigene schöpferische Energie spürt. Handwerklich-künstlerische Schöpfungen sind Seelenarbeit. Man erlebt bei diesem kreativen Schöpfungsprozess, wie man seine eigene Macht und Stärke zurückerhält, die in der Konsumwelt verloren zu gehen droht. Ein Talisman aus bunten Fäden, eine Skulptur, irgendetwas Ureigenes, Handgemachtes drückt unser augenblickliches Weltverständnis aus. Zugleich kann es Wegweiser für andere sein, die sich und ihre geheimen Wünsche, Ängste und Wildheiten darin wiedererkennen. Beim kreativen Schaffen werfen wir erstarrte Zahmheiten über Bord. Wir öffnen uns für die Wildheit. Sie verlangt nach Ausdruck. Sie will gelebt werden.

Kreativität ist eine der wichtigsten und der schönsten Fähigkeiten, die uns auf unserem Weg durch das Leben mitgegeben ist. Sie ist kein Vorrecht der großen Künstler. Jeder Mensch kann kreativ sein, wenn er diese Kraft in sich nur zulässt. Viele blockieren ihre Kreativität aus Angst, ihr Leben verändern zu müssen, aus der Bahn geworfen zu werden, die alltäglichen Pflichten dann nicht mehr erfüllen zu können, ein liederlicher Mensch zu werden, Ansprüchen an sich selbst nicht zu genügen, zu versagen. Selten dringen ihnen diese Ängste bis in ihr Bewusstsein. Doch sie sind vorhanden. Sie blockieren die Möglichkeiten, vorhandene Begabungen zu leben und Freude an der eigenen Schöpferkraft zu empfinden.

Der große Künstler Pablo Picasso (1881–1973) hat erkannt, dass im Künstler Eigenschaften stecken, die sonst nur noch in Kindern vorhanden sind: „Jedes Kind ist ein Künstler. Das Problem besteht darin, wie es ein Künstler bleiben kann, wenn es aufwächst." In der Tat bringen es Schule und andere Zivilisationseinflüsse schnell fertig, Kindern die Kreativität gründlich auszutreiben. Ich kenne genug Menschen, die in ihrer Kindheit wundervolle kreative Bilder geschaffen haben, und nichts davon konnten sie bis in ihr Erwachsenenalter hinüberretten. Die Schule, allein mit ihrer Forderung an die Kinder, fünf Stunden und mehr jeden Tag still auf einem Stuhl zu sitzen und Lerninhalte zu konsumieren, die aus der Welt der Erwachsenen stammen und oft wenig mit dem zu tun haben, was Kinder wirklich interessiert – das alles ist Gift für die Kreativität. Kinder sind von Natur aus wild, und sie brauchen ihre Wildheit, um menschenwürdig leben zu können. Wer sie ihnen austreibt, macht Kinder zu verfetteten Monstern, zu bewegungsunfähigen Fernseh-Dauerkonsumenten, zu zappeligen, schlafgestörten Wesen, die man dann mit Ritalin und ähnlichen Medikamenten ruhig stellt, damit sie den Unterricht nicht stören. Dabei freuen sich Kinder zunächst auf die Schule. Doch ihr gelingt es schnell, häufig schon innerhalb der ersten Unterrichtswochen, den Kindern diese Freude und alle ihre Kreativität gründlich ein für allemal auszutreiben.

Das Spiel der Kinder ist kreativ, ehe es ihnen die Erwachsenen verderben. Eltern wie Lehrer meinen oft immer noch, das Leben sei Mühe und Qual und sie müssten die Kinder rechtzeitig auf den Ernstfall Leben vorbereiten. Doch wo es gelingt, Spielfreude und Kreativität bis ins Erwachsenenalter hinüber zu retten, dort wird das Leben lebendiger, erfüllter und letztlich erfolgreicher sein. Kreativität ist heute auch in der modernen Berufswelt zunehmend gefordert.

Blockierende Glaubenssätze auflösen

Unsere Kreativität blockiert niemals von selbst, ebenso wie unsere wilde Lebenskraft nicht von sich aus ins Stocken gerät. Irgendwann, meist schon während der Kindheit, sind Menschen in unser Leben getreten, die uns direkt oder mittelbar gesagt haben: „Das schaffst du nie ... Dazu bist du zu ungeschickt ... Du magst ja den guten Willen haben, aber damit allein ist es nicht getan ... Nimm dir ein Beispiel an deiner Schwester ... Andere sind weit begabter."

Auch später gibt es Menschen in unserem Leben, die unsere Entfaltung verhindern, die uns klein halten wollen. Das geschieht in der – ihnen meist nicht bewussten – Absicht, selbst umso glanzvoller dazustehen. Geben Sie ihnen keine Chance, Sie zu manipulieren. Prüfen Sie selbst genau, wo Ihrer persönlichen Entfaltung Blockaden entgegen stehen.

Sagen Sie manchmal zu sich: „Das könnte ich auch, wenn bloß ...?" Solche oder ähnliche Sätze sind Hinweise auf Blockaden der eigenen Kraft. Sie sind negative Glaubenssätze, keine Tatsachen. Negative Glaubenssätze haben schon viel Unheil angerichtet, denn sie begrenzen uns. Sie halten uns in unserer eigenen Enge und Angst gefangen.

Blockaden durch negative Glaubenssätze lassen sich auflösen, indem man sie in positive Botschaften umformuliert:

- Hören Sie ab heute auf, sich selbst zu sagen: „Es ist zu spät." Sagen Sie stattdessen: „Heute ist der erste Tag in meinem Leben, an dem ich so lebe, wie ich immer schon leben wollte."
- Hören Sie ab heute auf, darauf zu warten, dass Sie genug Geld verdienen. Wenn Sie etwas tun möchten, beginnen Sie jetzt damit.
- Hören Sie ab heute auf, sich selbst zu sagen: „Es ist ja nur das Ego, meine Eitelkeit", wenn sich der Wunsch nach einem anderen, freieren und kreativeren Leben in Ihnen meldet.
- Hören Sie ab heute damit auf, sich selbst zu sagen: „Träume sind Schäume", wenn Sie wieder einmal nachts oder am Tage Dinge geträumt haben, die Ihrem Leben eine vollkommen neue Richtung geben könnten. Sagen Sie sich stattdessen lieber den Satz, der von dem Psychoanalytiker Erich Fromm stammt: „Fantasien und Träume sind der Beginn vieler Taten."
- Hören Sie ab heute damit auf, Angst davor zu haben, was andere von Ihnen denken könnten. Ganz allein Sie selbst sind für Ihr Leben verantwortlich. Was Ihre Familie und Ihre Freunde meinen, ist zweitrangig. Selbst wenn sie Sie für verrückt halten, so ist das deren Problem, nicht Ihres.
- Hören Sie ab heute damit auf, sich mit dem zu begnügen, was Sie erreicht haben. Kreativität und Entfaltung sind keine Luxusgüter. Sie stehen Ihnen zu. Holen Sie sich mehr Lebensfreude.

- Hören Sie ab heute damit auf, sich durch die Kritik anderer beeindrucken zu lassen. Kritik ist eine Herausforderung, kreative Dinge künftig noch besser zu machen. Ein kreativer Misserfolg ist der Nährboden für künftigen kreativen Erfolg. So gesehen fördert Kritik Ihre kreative Entfaltung. Kreativität ist das beste Heilmittel, wenn Kritik Sie niederdrücken will.

Positive Leitsätze, Affirmationen

Haben Sie erst einmal erkannt, wo Ihre eigenen Blockaden stecken, so formulieren Sie am besten für sich selbst positive Sätze, um diese Blockaden aufzulösen. Sagen Sie sich die für Sie passenden positiven Sätze (Affirmationen) jeden Tag neu, so als ob deren Inhalt bereits eingetreten sei.

Wenn dabei Wut, Angst, Schmerz und Verzweiflung in Ihnen hoch kommen, so lassen Sie solche Gefühle zu. Weinen Sie, wenn Ihnen danach zumute ist. Und freuen Sie sich, wenn Sie spüren, dass sich die Freude in Ihnen Bahn brechen will. Am Ende werden Sie sich freier fühlen.

Hier sind ein paar Beispiele, wie solche Affirmationen zur Stärkung der eigenen Kreativität aussehen können:

- Alle meine Arbeit wendet sich zum Guten. In mir ist Schöpferkraft.
- Ich höre zu und vertraue auf die Schöpferkraft.
- Meine Träume, Gedanken und Visionen sagen mir, was zu tun ist.
- Meine Kreativität heilt mich selbst und andere.
- Ich gebe dem Schöpfer/der Schöpferin in mir Aufmerksamkeit und Zuwendung.
- Ich finde geeignete Möglichkeiten, um meiner Kreativität Ausdruck zu geben.

- Es gibt einen Schöpferplan für meine kreative Arbeit.
- Ich höre auf den Schöpfer in mir. Er führt mich.
- Ich bin kreativ.
- Ich lasse meine Kreativität zu und genieße sie.
- Ich lebe meine kreative Energie.
- Ich will meine kreativen Begabungen nutzen.
- Meine kreative Arbeit ist mein Geschenk an den Schöpfer.
- Ich danke meinem Schöpfer, indem ich kreativ bin.

Sorgen Sie auch für genügend entspannte Anregung in Ihrem Leben. Gehen Sie in die Natur, wenn Sie Ihre Wildheit und Ihre Kreativität nähren wollen. Achten Sie auf das, was um Sie herum vorgeht. Vielleicht begegnet Ihnen Ihr Krafttier. Oder Sie finden einen Baum oder einen Stein, der Sie aus irgendeinem Grund anspricht. Wenn Sie in der Stadt wohnen, suchen Sie einen Ort auf, wo Sie sich wohl fühlen. Das kann eine Kirche oder ein Museum, ebenso gut aber auch ein Café sein. Achten Sie bewusst auf das, was dort um sie herum geschieht.

11. Wildfrauen früher und heute

In diesem und im folgenden Kapitel begegnen Sie einer Reihe wilder Frauen und Männer aus unserer Zeit, aber auch aus früheren Epochen. Es sind berühmte unter ihnen, aber auch längst vergessene und unbekannte. Manche von ihnen scheinen den Weg zu ihren wilden Wurzeln mühelos, selbstverständlich gefunden zu haben. Andere wieder gingen durch eine tiefe Krise, die sie aus der Bahn warf und zu einer völligen Neuorientierung in ihrem Leben führte. Niemals geschah die Veränderung nur in ihrem Kopf, sondern immer auch im Herzen. Und bei allen ist sie an ihrem Leben konkret ablesbar.

Alle diese Beispiele zeigen, wie sich Wildheit im Leben Einzelner unmittelbar auswirkt, was der Kontakt zu den eigenen wilden Wurzeln dort bewirkt und wie er Menschen von Grund auf verändert, dort wo sie ihn zulassen. So können durch Übertragung neue Identifikationsmöglichkeiten und Orientierungspunkte auch für unseren persönlichen Lebensweg entstehen.

Die hier beschriebenen wilden Frauen verbindet bei allen individuellen Unterschieden vor allem eine Eigenschaft: Sie alle sind Querdenkerinnen (die meisten von ihnen zugleich Querfühlerinnen), wenn auch auf völlig verschiedenen Gebieten. Ihr Spektrum reicht von politischen Aktivitäten bis hin zu den höchsten Ebenen der Kultur, Kunst und Wissenschaft. Und: Sie alle sind Rebellinnen, wilde Frauen mit ungewöhnlichen Ideen. Man verlachte, verfolgte, verhöhnte sie, schwieg sie tot, tötete sie sogar. Aber sie erhielten auch Anerkennung und Bewunderung. Ihr Mut ist bis heute beispielhaft für alle, die zu ihrer Wildheit zurückfinden wollen.

Natürlich ist die getroffene Auswahl nicht repräsentativ. Dafür sind Schicksale wilder Frauen geschildert, von denen besonders hohe Faszination ausgeht und die zugleich anderen Menschen Orientierungshilfe auf ihrem Weg zur eigenen Wildheit bieten können.

Schöne, wilde Freidenkerin

Eine der frühesten, geistig hoch kultivierten wilden Frauen war die griechische Philosophin und Naturwissenschaftlerin Hypatia (um 370–415). Sie kam als Tochter des Mathematikers Theon in Alexandria zur Welt. Ihr Vater lehrte am berühmten Museion von Alexandria. Er wollte aus seiner ungewöhnlich intelligenten und schönen Tochter einen „vollkommenen Menschen" machen. Deshalb sorgte er dafür, dass sie eine ausgezeichnete Ausbildung erhielt. Ihre Begabung und ihr Ansehen in Alexandria waren so herausragend, dass sie als erste Frau einen Lehrstuhl am Museion von Alexandria erhielt. Sie hielt Vorlesungen über die Grundlagen der Philosophie. Die Hörer strömten von weither herbei, um sich von ihr unterrichten zu lassen. Nach Berichten von Zeitgenossen soll sie eine Frau von ungewöhnlich hoher Geisteskultur gewesen sein. Dank ihres souveränen Auftretens und ihrer eleganten Erscheinung erschien sie häufig in der Öffentlichkeit in Gegenwart hoher Staatsbeamter. Sie scheute sich auch nicht, in öffentliche Versammlungen von Männern zu gehen, was Frauen damals untersagt war. Man bewunderte sie wegen ihrer ungewöhnlichen Würde und Tugend. Ihr Ruf war in der Antike legendär. Bei ihren Vorlesungen setzte sie astronomische Instrumente ein und beeindruckte ihre Hörer besonders durch ihren anschaulich-experimentellen Vortrag. Hypatia lehrte offenbar eher moderne Naturwissenschaft als rein spekulative Philosophie. Ihre Fachgebiete waren vor allem Mathematik, Geometrie und Astronomie.

So sehr ihre Anhänger sie verehrten, so muss die unverheiratete, sich frei bewegende „schöne Freidenkerin", wie der Historiker Theodor Mommsen sie nennt, doch mächtige Feinde unter den fundamentalistischen Christen in Alexandria gehabt haben. Sie prangerten ihre Lehre als „heidnisches Wissen" an und hetzten eine fanatisierte Meute auf sie, die Hypatia auf bestialische Weise ermordete. Männer zerrten sie auf dem Heimweg von ihrer Vorlesung aus ihrer Kutsche, schleppten sie in eine Kirche, zogen sie dort nackt aus und erschlugen sie mit Ziegelsteinen. Ihren Körper rissen sie in Stücke, die sie verbrannten.

Hypatia gilt als erstes Opfer christlicher Hexenverfolgung, die viel später, im Mittelalter, als zum Blutrausch gesteigerter Frauenhass Hunderttausende das Leben kostete.

Eine Reise ins lebendige Leben

Professor Dr. Joanna Macy gehört heute zu den führenden Frauen der internationalen Bürger- und Protestbewegung. Zugleich ist sie eine der wichtigsten buddhistischen Lehrerinnen in den USA. Geboren 1929 in New York, arbeitete die studierte Politologin zunächst für das amerikanische Außenministerium. Alles in ihrem Leben sah nach einer sicheren Karriere in der Administration aus.

In den 60er Jahren engagierte sie sich in der Bürgerrechtsbewegung gegen Rassismus, Atomwaffen und den Vietnamkrieg. Ihre Arbeit für die Regierung gab sie als Konsequenz auf und ging mit dem Friedenscorps nach Nordindien, um tibetanische Flüchtlinge zu unterstützen. Die dortige Begegnung mit dem Buddhismus führte dazu, dass Joanna Macy nach ihrer Rückkehr in die USA Allgemeine Systemtheorie und Vergleichende Religionswissenschaften studierte und dann selbst als Professorin auf diesem Gebiet an verschiedenen Universitäten lehrte.

Parallel dazu suchte sie nach Möglichkeiten, die Verzweiflung und Hoffnungslosigkeit angesichts atomarer Bedrohung und ökologischer Zerstörung therapeutisch zu bearbeiten. Inzwischen arbeitet sie mit Menschen in der ganzen Welt daran, politische Verantwortung und ökologische Aktionen zu stärken. Sie verbindet psychologische Krisenbewältigung, ganzheitliche Wissenschaft und spirituelles Wachstum so miteinander, dass daraus Hoffnung und Engagement für die Zukunft entstehen. Joanna Macy sieht die Krise aus Orientierungslosigkeit, in der sich die westliche Welt befindet, als eine bedrohliche Krankheit an, solange wir diese Krise verdrängen. Unsere Welt verändert sich grundlegend, „wenn wir sie als ein lebendiges System verstehen und uns selbst als einen Teil eines im weitesten Sinne lebendigen Erdkörpers" begreifen.[33] Diese Perspektive hat dramatische Folgen für die Art unserer Beziehung zur Welt, für unsere Kreativität, für unser inneres und kollektives Wachstum. Sie stößt inzwischen bei immer mehr Menschen überall in der Welt auf zustimmende Anerkennung.

Macy selbst sieht „die Welt als Geliebte und als Teil von sich selbst". Damit steht sie in der mystischen Tradition vieler Religionen, auch des Buddhismus und des Tantra im Hinduismus, für die es einen tiefen erotischen Kontakt zur Welt gibt. Ähnliches gibt es im Christentum. Hier sind es Heilige wie Hildegard von Bingen, die sich überall von dem göttlichen Geliebten umgeben fühlen. Wer die Welt so sieht, für den ist sie wieder heilig. Die mystischen Traditionen in aller Welt haben zahlreiche Methoden entwickelt, die Welt als Teil von uns selbst zu erfahren. Sie gilt es nach Joanna Macy wieder zu entdecken. Ihr tiefenökologischer Ansatz könnte dabei hilfreich sein.

Ein Schmetterling gegen Wirtschaftsriesen

Eigentlich fühlte sich Julia ‚Butterfly' Hill nicht zur Heldin bestimmt. Kein Mensch, am wenigsten sie selbst, hätte erwartet, dass sie mit 23 Jahren zu einer der berühmtesten Symbolgestalten der internationalen Ökologiebewegung werden würde. Geboren 1974, entschloss sich Julia in einem Alter, in dem andere junge Frauen eher an Partys denken, alles aufzugeben,

[33] Joanna Macy im Gespräch mit Geseko von Lüpke, s. von Lüpke 2003, 93ff. (95)

was sie in ihrem Leben hatte. Ihre Freunde, ihre Arbeit, ihre persönliche Habe – auf das alles verzichtete sie von einem Tag zum anderen, um in den Wald zu gehen und sich für die Erhaltung der uralten Mammutbäume an der kalifornischen Westküste einzusetzen. Mehr als zwei Jahre lang hielt sie allein auf einer kleinen Plattform auf einem mehr als 60 Meter hohen Redwood-Baum in schwindelnder Höhe aus. Als sie im Dezember 1999 wieder hinunterstieg, hatte sie nicht nur den Redwood-Wald vor der Abholzung bewahrt, sondern zugleich erreicht, dass die Erhaltung der Wälder überhaupt als Thema auf der internationalen politischen Tagesordnung erschien. Sie gründete die ‚Circle of Life Foundation' und veröffentlichte 2001 das viel beachtete Buch ‚Die Baumfrau'.

Wenn man sie nach ihren Motiven fragt, dann sagt Julia: „Ich will etwas für die Bäume tun und der Erhaltung des Lebens dienen. Die Baumbesetzung machte mir klar, dass es dabei nicht um eine Aktion, sondern um den Lebensstil geht." Ihr liegt daran, einen Bewusstseinswandel in der Art und Weise herbeizuführen, wie die Menschen die Welt wahrnehmen und mit ihr in Beziehung treten.

Über welche besonderen Eigenschaften verfügte Julia Butterfly Hill, die sie gleichsam über Nacht vom unbekannten Teenager zu einem modernen weiblichen Robin Hood werden ließen? „Ich war als Kind ein widerspenstiger Sturkopf und das kam mir jetzt sehr zu gute", beschreibt sie ihre mitgebrachten Voraussetzungen. Als Mädchen eckte sie überall an. Aber was sie sich in den Kopf gesetzt hatte, wollte sie durchsetzen, koste es, was es wolle. Hinzu kam die religiöse Erziehung durch ihren Vater, einen Pfarrer. Er vermittelte ihr: Steh zu deinem Glauben, selbst wenn sich andere über dich lustig machen. Diese Einstellung scheint ihr sehr geholfen zu haben.

Julia betrachtet sich als einen im Grunde unpolitischen Menschen: *„Es war einfach ein tiefes, körperliches Gefühl, nichts Politisches, nichts Wissenschaftliches, einfach etwas anderes"*, sagt sie zu ihren persönlichen Motiven. *„Es gibt diese Momente im*

Leben, wo wir etwas erkennen und ohne jeden Zweifel wissen, dass es falsch läuft und wir etwas unternehmen müssen. Das ist so, … als wenn du neben jemandem stehst, den du liebst und dann kommt jemand, der ihn töten will. Da fragt man nicht lange, ob man helfen darf oder ob Gerichte die Zustimmung geben. Man handelt instinktiv und tut alles Menschenmögliche, um diese Person zu schützen. Man folgt einem inneren Impuls. Und das ist mir mit diesem Wald passiert."[34]

Die Bedingungen während ihres zweijährigen Lebens auf dem Redwood-Baum waren alles andere als komfortabel. Es gab dort hoch oben auf der Plattform im Baum einige Plastiktüten mit Reis, Haferflocken, eben mit den wichtigsten Grundnahrungsmitteln. Ein paar zerrissene Kunststoffplanen dienten als Wände und Dach zum Schutz gegen Regen, Kälte und Wind. Eine Hängematte war zwischen zwei Ästen gespannt. Mehr nicht. Erst nach und nach schuf Julia einige Verbesserungen. Sie fing an zu basteln und zu reparieren und baute Vorrichtungen, um das Regenwasser für ihren Lebensbedarf aufzufangen. Ein Radio mit einer Kurbel daran brachte ihr Nachrichten aus aller Welt. Ein verlässliches Team versorgte sie mit Essen und Material, das sie mit Hilfe eines an einem Seil befestigten Korbes zu sich hinauf zog.

Angst war das Schlimmste, was Julia Butterfly Hill auszuhalten hatte. Angst vor der Brutalität der Menschen, die sie zum Aufgeben zwingen wollten. Da rückten Motorsägen an und fällten die Jahrtausende alten Stämme unmittelbar in ihrer Nähe. Ein Armeehubschrauber bedrohte sie, der bei seinen Flugmanövern rund um „ihren" Baum Aufwinde mit einer Geschwindigkeit von bis zu 400 Stundenkilometern erzeugte. Wachtposten installierten Flutlichtanlagen, um das Mädchen auf dem Baum auszuhungern. Acht Nächte hintereinan-

---

[34] Julia Butterfly Hill im Gespräch mit Geseko von Lüpke, s. von Lüpke 2003, 313 ff. (315)

der ließ man Nebelhörner dröhnen, um die Baumbesetzerin durch Schlafentzug zu zermürben. Ohne Erfolg, Julia gab nicht auf.

In größter Gefahr half ihr der Baum zu überleben. Ihm lernte sie zuzuhören, als ein Tornado sie fast herunter geschleudert hätte. Sie war „halb verrückt vor Angst" und vollkommen verkrampft vom Festklammern. Von ihrem Baum lernte sie, dass festhalten, anklammern, stark sein wollen, nicht das Richtige ist, um zu überleben. Der Baum zeigte ihr, wie er selbst Stürme bewältigt, indem er mit dem Wind geht. So konnte sie ihre Erstarrung überwinden, indem sie sich nicht länger gegen die Naturgewalt stemmte, sondern sich von ihr biegen und wiegen ließ.

Als Julia Butterfly Hill schließlich nach mehr als zwei Jahren von ihrem Baum herabstieg, hatte sie ihr Ziel erreicht: Die Gesellschaft Pacific Lumber war bereit zu verhandeln.

Wildfrau gegen alle Konvention

Ihre Kindheit verbrachte Louise von Salomé (1861–1937) in St. Petersburg. Ihr Vater, der von Hugenotten abstammte, war dort General des Zaren. Sie studierte Theologie, Philosophie, Philologie und Kunstgeschichte in der Schweiz. In Rom befreundete sie sich mit den Philosophen Friedrich Nietzsche und Paul Rée. Sie liebte beide platonisch. Das von ihr erhoffte „brüderliche" Zusammenleben zu dritt ließ sich nicht verwirklichen, ruinierte dafür aber ihren Ruf in der bürgerlichen Gesellschaft. Sie heiratete den deutsch-iranischen Orientalisten F. C. Andreas, lebte aber auch diese Beziehung nicht sexuell. Lou schrieb Essays, Erzählungen und Romane, zum Beispiel über Ibsens Frauengestalten und über die Selbstbestimmung der Frau. Sie erlangte rasch Berühmtheit als Literatin und als die „keusch vermählte Bohemienne". Mit 36 Jahren lernte sie den 14 Jahre jüngeren Dichter Rainer Maria Rilke kennen. Ihn liebte sie leidenschaftlich, auch sexuell. Sie vertrat freimütig die Auffassung: „Das natürliche Liebesleben ist aufgebaut auf dem Prinzip der Untreue."

Mit 50 Jahren traf sie Sigmund Freud und andere Psychoanalytiker aus seinem „Wiener Kreis". Diese Begegnungen hinterließen bei ihr einen so tiefen Eindruck, dass sie Psychologie studierte und selbst als Psychoanalytikerin auf dem Gebiet dieser damals noch jungen Wissenschaft forschte und therapeutisch arbeitete.

Lou Andreas-Salome widersetzte sich bereits in ihren jungen Jahren überlieferten Konventionen und entwickelte sich konsequent zu einer unabhängigen Frau. Sie bedauerte, der Psychoanalyse nicht bereits viel früher in ihrem Leben begegnet zu sein.

Bei den Dichtern und Wissenschaftlern ihrer Zeit stand Lou Andreas Salomé in hohem Ansehen. Marie von Ebner-Eschenbach schrieb in einem Brief an sie: „Lou Andreas ist unter den heutigen Dichterinnen die geistigste, die psychologisch tiefste ... Respekt vor Ihnen, begnadete Frau und vor Ihrer Kunst und vor Ihrer Weisheit." Rainer Maria Rilke schwärmte in einem Brief an die Fürstin Taxis: „... das Wunderbarste, was für Herrlichkeiten weiß diese Frau einzusehen, wie wendet sie sich alles, was ihr Bücher und Menschen im rechten Moment zutragen, zum seeligsten Verständnis, begreift, liebt, geht furchtlos in den glühendsten Geheimnissen umher, die ihr nichts thun, die sie nur anstrahlen mit reinem Feuerschein. Ich weiß und wußte seit jenen fernen Jahren, da sie mir zuerst zu so unendlicher Bedeutung begegnet ist, niemanden, der so das Leben auf seiner Seite hätte, im Sanftesten wie im Furchtbarsten die eine Kraft erkennend, die sich verstellt, die aber immer, selbst wo sie tötet, noch gebend sein will."

Nur Friedrich Nietzsche äußert sich giftig in einem Briefentwurf (aus dem Jahre 1883) an Freund Georg Rée. Er schimpft: „Dieses dürre schmutzige übelriechende Äffchen, mit ihren falschen Brüsten – Ein Verhängniß! Pardon!"

Als Schriftstellerin ist Lou Andreas-Salomé heute kaum noch bekannt, wohl aber als Wildfrau, die sich schon in der zweiten Hälfte des 19. Jahrhunderts gegen alle gesellschaftlichen Widerstände emanzipierte, von bedeutendem Einfluss auf die Geistesgeschichte ihrer Zeit war und sich mit rigiden Moralvorstellungen kritisch herumschlug, welche die Frauen damals weit mehr einschränkten als die Männer.

Sigmund Freud würdigte sie in einem Nachruf (1937): „Die letzten 25 Lebensjahre dieser außerordentlichen Frau gehörten der Psychoanalyse an, zu der sie wertvolle wissenschaftliche Arbeiten beitrug und die sie auch praktisch ausübte. Ich sage nicht viel, wenn ich bekenne, dass wir es alle als eine Ehre empfanden, als sie in die Reihen unserer Mitarbeiter und Mitkämpfer eintrat, und gleichzeitig als eine neue Gewähr für den Wahrheitsgehalt der analytischen Lehren."

12. Moderne Wilde

Unter den Männern unserer Zeit, die wegen des ungewöhnlichen Kontakts zu ihren wilden Wurzeln hier als Beispiele ausgewählt für alle nicht Genannten stehen sollen, befinden sich sehr unterschiedliche: Einer von ihnen geht als Gärtner und fahrender Sänger (falls es diesen Beruf heute noch gibt) durchs Leben. Ein anderer ist gelernter Wirtschaftswissenschaftler trotz gänzlich unwissenschaftlicher Biografie. Ein dritter lebt als Schamane im Allgäu mit sehr tiefen Wurzeln in der Natur und einem Kopf, der sein schamanisches Tun hervorragend hinterfragt und zu begründen weiß. Der vierte, ein Forscher, auch er atypisch in seiner Biografie, denn eigentlich gleicht er eher dem Zauberlehrling, der die wilden Kräfte, die er herbeirief, am Ende nicht mehr bändigen konnte. Scheitern kann hohe Kunst sein.

Wenn Wirtschaft und Ökologie miteinander Frieden schließen

Professor Dr. Manfred Max-Neef gilt als einer der großen Pioniere auf dem Gebiet der modernen Ökonomie und der Ökologie zugleich. Er vereinigt Gegensätze, die von ihrer Interessenlage her eigentlich unvereinbar sind.

Der Chilene Manfred Max-Neef kam 1932 in Valparaíso auf die Welt.

Seine Eltern waren deutsche Einwanderer. Die Mutter vermittelte ihm humanistische Bildung und Liebe zur Musik. Der Vater war Mitbegründer der chilenischen Nationalökonomie. Er sorgte für den Bezug zur Lebenspraxis. Der Sohn studierte Wirtschaftswissenschaften und stieg in den Jahren nach 1953 im internationalen Shell-Konzern rasch in führende Positionen auf. Doch 1957 verließ er den Konzern und begann, sich entwicklungspolitischen Fragen zu widmen. Zu Beginn der 60er Jahre lehrte der bärtige Hüne, der in seinem Äußeren an die Propheten aus dem Alten Testament erinnert, an der US-Universität Berkeley. Sie galt damals als eines der Zentren des Widerstands gegen den Vietnam-Krieg. Er arbeitete als Berater für die Vereinten Nationen und die Organisation Amerikanischer Staaten (OAS), kehrte kurz nach Chile zurück, musste nach dem Putsch gegen Allende jedoch bald ins Exil gehen.

Zu dieser Zeit entschloss sich Max-Neef, sich von den herkömmlichen Wirtschaftswissenschaften abzuwenden. Er nahm seinen Wohnsitz in den Slums und Landarbeitersiedlungen, um von den Armen praktische Ansätze kooperativer Ökonomie zu lernen. Daraus entwickelte sich seine Lehre von der ‚Barfuß-Ökonomie'. In ihr geht es darum, die wirtschaftlichen Probleme zusammen mit den Menschen zu lösen, die sie erleiden, gemeinsam mit ihnen herauszufinden, wie sich ihre Lebensbedingungen verbessern lassen. Für diese Idee erhielt er 1983 den Alternativen Nobelpreis. Zehn Jahre später kandidierte er für die Grünen bei den chilenischen Präsidentschaftswahlen. Danach leitete Max-Neef die Privatuniversität in Valdivia im Süden von Chile.

Was ist das Besondere an seinen Lehren? – Sie stellen das Herkömmliche auf den Kopf und sind keine ausschließlich aus dem Intellekt entstandenen Konstrukte, sondern ihr Ursprung liegt im Kontakt zu den wilden Wurzeln, mitten im gelebten Leben mit Indianern und den Armen. Manches an ihm erinnert an Franz von Assisi und an die Lehren von Sokrates. Solidarität ist das Fundament seiner Lehre. Er selbst sagt: „Ich habe in Indianergesellschaften ungeheuer viel gelernt: Da gibt es statt formellem Wissen viel mehr Weisheit. Und das ist etwas, was ein Ökonom erleben sollte. Dann würde er seine Theorien menschlicher gestalten und nicht mehr so absolut kalt und theoretisch und kalkulierend von Humankapital reden."

Das Hauptproblem der westlichen Ökonomie sieht Max-Neef in der Gier. Daraus entstehen Konzepte, die das wirklich

Menschliche zerstören. Wir handeln nach dem Motto: „Wenn ich es schaffe, ist es gut; was dir geschieht, ist mir ganz egal." Natürlich sieht Max-Neef, dass es auch in anderen sozialen Welten Krisen und Probleme zwischen den Menschen gibt. Aber dort existiert eine Kultur des Umgangs miteinander, die anstehenden Probleme mit einer Vielzahl von Lösungsmöglichkeiten zu überwinden. Max-Neef sieht zum Beispiel in den Indianergemeinschaften, in denen er gelebt hat, eine weit größere Harmonie mit der Natur. „Die Menschen wissen dort, dass wir ein Teil von etwas Größerem sind und nicht diejenigen, die machen können, was sie wollen. Was bei uns schief geht, ist diese Obsession, dass Konkurrenz im ökonomischen Sinn immer gut ist. Wir haben völlig vergessen, dass wir Menschen sind, die aus Kulturen stammen, die nur überleben konnten, weil sie Solidarität entwickelt haben."[35]

Manfred Max-Neef ist der Überzeugung, dass sich das von Gier und Konkurrenzdenken bestimmte Wirtschaftssystem in relativ kurzer Zeit „zu Tode siegt." Denn dieses System ist aus seiner Sicht „vollkommen verrückt". Kein Mensch kontrolliert es, keine Zentralbank kann es wirklich lenken. Es lebt von der Spekulation von Abermilliarden Dollars jeden Tag. Das ist selbstverständlich nicht nachhaltig. Das wird – und ich glaube ziemlich schnell – kollabieren, vielleicht schon innerhalb von wenigen Jahren. Und darauf müssen wir uns vorbereiten." Wie Recht Max-Neef mit seiner Warnung hat, zeigte sich in jüngster Zeit gleich mehrfach, als ein paar windige Wertpapiere und aggressive Fonds das internationale Finanzgeschäft so stark ins Schwanken brachten, dass die Weltbanken alle Hände voll zu tun hatten, das Gleichgewicht wenigstens einigermaßen wieder herzustellen. Ob ihnen das bei ungünstigerer Konjunkturlage gelungen wäre, bleibt offen.

---

[35] Manfred Max-Neef im Gespräch mit Geseko von Lüpke, s. von Lüpke 2003, 247ff. (249)

Max-Neef empfiehlt, endlich von der Vorstellung eines sich ewig fortsetzenden Wirtschaftswachstums Abschied zu nehmen. Nur Krebs wächst grenzenlos. Der chilenische Wirtschaftsexperte fordert Mut zu kleinen, überschaubaren, nicht-anonymen Wirtschaftssystemen. Und er fordert – das ist noch entscheidender für ein erfülltes Leben – mehr Mut, kreativ zu träumen, so wie Künstler und Kinder zu träumen verstehen. Solche Träume sind der Stoff, aus dem echte Lebensalternativen entstehen.

Wissenschaftler und Schamanen

Einer der Menschen, die den Kontakt zu ihren wilden Wurzeln in unserer Zeit besonders intensiv leben, ist Wolf-Dieter Storl. Man nennt ihn den „Schamanen aus dem Allgäu". Storl ist promovierter Ethnobiologe, als Sohn deutscher Einwanderer in den USA aufgewachsen. Er lehrte als College-Professor an verschiedenen Universitäten in den USA, wanderte mit den Schamanen der Cheyenne, meditierte mit den Mönchen in Indien, arbeitete bei Schweizer Bergbauern und lebte als Gärtner in einer anthroposophischen Landkommune. Überall traf er Menschen, die ihm den Zugang zu einer anderen Welt zeigten – zu einer Welt, in der es um Sagen und Mythen und um die Heilkraft der Pflanzen geht. Wie bei kaum einem anderen zieht sich durch seine gesamte Lebensgeschichte ein tiefes Naturverständnis. Wolf-Dieter Storl verfügt über uraltes, reiches Pflanzenwissen der Naturvölker und der Volksmedizin. Pflanzen sind für ihn nicht nur Lieferanten von Nahrung und Sauerstoff, sondern Persönlichkeiten mit ureigenem Wesen. Wer sich ihnen voll zuwendet, dem schenken sie Inspirationen und Träume. Mit den Pflanzen verbinden ihn ganz persönliche Erlebnisse und Geschichten, die er an andere Menschen weitergibt. Pflanzen sind, wie bei den Schamanen, seine Helfer und Verbündeten. Storl lebt auf einem Bauernhof im Allgäu inmitten der Natur.

Wilde Wanderer

Von einem anderen Mann, der ebenfalls in sehr intensivem Kontakt zur Kraft seiner wilden Wurzeln lebt, soll hier die Rede sein. Er ist nicht Wissenschaftler wie Wolf-Dieter Storl. Und doch ist er mit Storl geistig eng verwandt. Er ist sein Schüler. Wolf-Dieter Storl hat ihn in seinen Seminaren auf den Weg gebracht. Er ist mit ungewöhnlich feinen Antennen ausgestattet und mit der Fähigkeit, der Natur zuzuhören. Dieser junge Mann ist eines Tages aus seiner süddeutschen Heimat aufgebrochen, um zu Fuß den Jakobsweg bis nach Santiago di Compostela zu pilgern. Er verwirklichte auf diese Weise einen lang gehegten Lebenstraum. Christian Siry ist sein Name. Von dem, was er unterwegs erlebt hat, erzählt er in einem Buch voll wunderbarer Schönheit, das an die Tradition der großen Wanderromane vom Simplizissimus bis hin zu Eichendorffs „Taugenichts" anknüpft und doch wieder ganz anders ist.[36] Da zieht einer durch grandiose Landschaften, lärmende Städte und Baum-Einsamkeiten, um vielleicht irgendwo hinter allen Bergen von Hoffnung und Zweifel „Gott oder was auch immer zu entdecken". Engel und Teufel sitzen ihm im Nacken, Träume und Visionen leiten ihn, während er unter freiem Himmel nächtigt und sich von den Früchten der Natur nährt und von dem, was Menschen mit ihm teilen, die ihm unterwegs begegnen. Ohne die Kraft aus seinen wilden Wurzeln wäre Siry kaum in der Lage gewesen, die Strapazen dieser unendlich langen Wanderung auszuhalten.

Über sein Leben teilt der junge Autor ein paar Fakten mit, die Wildheit ahnen lassen. 1978 geboren, ging er schon früh eigenwillige Wege. Die Schule war nicht sein Lebensort. Er selbst schreibt:

---

[36] Christian Siry: Traum und Erwachen. Eine Seelenreise auf dem Jakobsweg, Burgrain 2005

„Ich war zumeist ein mieser Schüler, zu tot waren die Lehren, zu fest gefahren ihre Vermittler, aber ausgerechnet im verstaubten Religionsunterricht gewann ich dreimal das Bibelquiz, ausgerechnet ich, und bekam drei Mal eine Kachel mit einem Sprüchlein drauf geschenkt und jedesmal hieß es: Du musst Gott mehr gehorchen als den Menschen. Klare Aussage. Einmal verließ ich daraufhin kurzerhand den isolierten Unterrichtssaal, weil ein Sonnenstrahl mich kitzelte. >Gott ruft<, sagte ich. Mein Religionslehrer aber sagte es dem furchteinflößenden Rektor, der wiederum meinen Eltern."

So kam es, wie es kommen musste und bei so vielen gekommen ist, die mit dem toten Bücherwissen nichts anfangen konnten, wohl aber mit dem, was die Bäume sagen und die Regentropfen auf der Sommerhaut. Er schmiss die „höhere" Schulausbildung und machte eine Ausbildung als Wildpflanzengärtner. Für ihn liegen „Wissenschaft und Zauberei ganz nahe beieinander, vielleicht nur einen Gedankensprung oder ein Augenzwinkern voneinander entfernt." Er selbst bezeichnet sich als Musiker, Waldwanderer, Taugenichts und Traumtänzer und natürlich auch Geschichtenschreiber" – ein „Gärtner, der über den Rand seines Gemüsebeetes hinaus späht, um ab und zu hinter all dem Erdentrubel eine Brise Gott zu schnuppern." Dieser erste Blick auf die Welt hinter dem Alltag führt ihn mitten hinein in ein prallvolles Leben aus sensibler Wildheit und kaum zu bändigender Schöpfungskraft.

Erfinder des LSD und Wildmann

Albert Hofmann, Wissenschaftler und Wildmann – im Januar 2006 feierte er seinen einhundertsten Geburtstag bei bester Gesundheit. Trotz seines bemerkenswert hohen Alters ist er neugierig wie zeit seines ganzen Lebens auf die Geheimnisse der Natur geblieben. Schon als Kind verbrachte er seine ganze

Zeit in der Natur. Er liebte Pflanzen. Sein sehnlichster Wunsch war zu erkennen, was Pflanzen sind und woraus sie bestehen. Eigenartigerweise studierte er jedoch nicht Botanik, sondern organische Chemie.

Nach dem Studium boten ihm zwei Konzerne eine Stelle an: Ciba-Geigy und Sandoz. Hofmann kam aus armen Verhältnissen. Trotzdem nahm er die Stelle bei Sandoz an, obwohl ihm Ciba-Geigy mehr Einkünfte in Aussicht stellte. Der Grund: Bei Sandoz durfte er in der Pflanzenchemie arbeiten und nicht in der synthetischen. So konnte er gegen Herzkrankheiten wirksame Pflanzen wie Fingerhut (Digitalis), die Meerzwiebel und andere Heilkräuter erforschen. Die psychoaktive Wirkung LSD aus dem Mutterkorn entdeckte er eher zufällig. Als er die Substanz aus Versehen einmal kostete, war die Wirkung so heftig, dass Hofmann glaubte, wahnsinnig zu werden oder zu sterben. Doch sein Hausarzt konnte an ihm keine psychisch abnormen Symptome feststellen. Für Hofmann schien es unwahrscheinlich, dass eine winzige Spur dieses Stoffes, nicht mehr als ein Staubkorn, seine Wahrnehmung so heftig verändern konnte. Später, in der freien Natur oder in entspannter häuslicher Atmosphäre, zusammen mit Freunden, unter anderem dem Schriftsteller und Pflanzenfreund Ernst Jünger, hatte er sehr tiefgreifend schöne Erlebnisse beim Experimentieren mit LSD.

Pflanzen, diese grünen Lebewesen, vermitteln uns die Energie der Sonne, sagt Albert Hofmann. Sie seien uralt und weise, Mütter, die uns die Luft zum Atmen geben. Sie sind Nahrung, Medizin und Heilmittel für unseren Körper, aber auch für unseren Geist. Hofmann sah LSD – zunächst jedenfalls – als geistige Medizin. Nicht er habe es entdeckt, sondern es habe ihn entdeckt, behauptet er beharrlich. Es sei kein künstliches Molekül, sondern Teil der Natur, wie wir es sind. Deshalb habe es Bedeutung für uns.

Albert Hofmann hat sich seine intensive Beziehung zur Natur bis ins hohe Alter bewahrt. Sein Arbeitszimmer führt durch zwei Glastüren, die sich aufschieben lassen, direkt hinaus auf eine Naturwiese. Der Blick reicht weit hinaus ins Tal, bis ins Elsass hinüber.

Das genaue Beobachten ist ihm noch immer wichtig, das Hinsehen, das Hineinsehen, bis das Sehen zum Schauen wird. So schauen die Schamanen aller Kulturen, wenn sie vor einer Pflanze sitzen und geduldig warten, bis sie ihnen das Geheimnis ihrer Wirkung verrät. Es ist ein meditatives Schauen, das den Menschen der westlichen Zivilisationen nur noch in seltensten Ausnahmen vertraut ist. Wildmänner wie Albert Hofmann und Wolf-Dieter Storl beherrschen diese Art zu schauen wie kaum sonst jemand.

Die Ursachen für die negative Wirkung von LSD sieht Albert Hofmann im Menschen selbst:

„Der rapide Anstieg des Drogenkonsums, der vor rund dreißig Jahren in den USA seinen Anfang nahm, war aber nicht eine Folge der Entdeckung von LSD, wie oberflächliche Beobachter oft behaupten, sondern hat tiefliegende soziologische Ursachen. Es sind dies Materialismus, Naturentfremdung als Folge von Industrialisierung und zunehmender Verstädterung, mangelnde Befriedigung in der beruflichen Tätigkeit in einer mechanisierten, entseelten Arbeitswelt, Langeweile und Ziellosigkeit in einer gesättigten Wohlstandsgesellschaft sowie das Fehlen eines religiösen, eines bergenden und Sinn gebenden weltanschaulichen Lebensgrundes."[37]

Wolf-Dieter Storl, der Ethnologe und Pflanzenforscher, sammelte ähnlich wie Albert Hofmann in seinen jungen „wilden" Jahren Erfahrungen mit LSD. Er schreibt: „Es waren keine hedonistischen >Trips<, die wir unternahmen, sondern Forschungsreisen in völlig unbekannte Territorien des Seins. Die Motiva-

[37] Hofmann 2004, 63

tion war nicht die Suche nach neuem Nervenkitzel oder geilem Vergnügen, sondern nach Erkenntnis und Einsicht. Hofmanns Elixier war lediglich der Schlüssel, über den wir unverhofft gestolpert waren. Die Ergebnisse ließen sich nicht als lediglich >subjektiv< einordnen oder als bloße Halluzinationen abtun. Es war vielmehr so, dass wir bei vollem Bewusstsein tiefer, unendlich viel tiefer in die Phänomene eindringen konnten. Man blieb nicht wie gewöhnlich an der Oberfläche hängen, sondern es öffnete sich die >Innenseite< der Natur und auch die der menschlichen Natur."

Diese Forschungen halfen einem von Storls Studienkollegen, der später Psychiater wurde, die Vielschichtigkeit der Psyche seiner Klienten besser zu verstehen. Ähnliches bestätigt übrigens der bekannte Psychiater Stanislaf Grof, der über viele Jahre Behandlungserfahrung mit LSD verfügt, später aber andere Therapiemethoden anwendete, als die Nutzung dieser Droge auch für medizinische Behandlungen verboten wurde. Storl selbst sagt, ihm hätten seine Drogenerfahrungen später als Völkerkundler geholfen, die religiösen Phänomene, die Heilrituale, das Schamanentum und die kulturelle Symbolik „von innen her" zu verstehen. Dadurch gelang es ihm besser, sich in die Initiationsriten und die Visionssuche der Völker und in die Bedeutung von Mythen und Märchen einzufühlen. Die Götter und Naturgeister wurden auf diesem Weg für ihn „real". Sie blieben nicht mehr nur Konstruktionen des menschlichen Geistes oder der Fantasie.[38]

Inzwischen, im Rückblick, ist Wolf-Dieter Storl überzeugt, dass LSD noch immer Seelenräume öffnen kann, auch wenn er der Substanz nicht mehr die initiatische Kraft zutraut, die sie damals gehabt habe. Deshalb würde sich die Droge wahrscheinlich gut als „Werkzeug oder Herrschaftsinstrument der Psychiater oder Priester eignen", vermutet Storl. Er stellt jedoch die Frage, ob es überhaupt gut sei, Seelenräume zu öffnen.

---

[38] Storl 2006, 139f.

„Vielleicht ist die Seele wie eine Blütenknospe, die erst reifen muss, ehe sie sich von selbst, im Licht der Sonne, entfaltet. Wer hat überhaupt die Befugnisse, daran zu manipulieren? Es ist das Leben selbst, das Karma, das den Menschen dorthin führt, wo er hingehen soll." [39]

Albert Hoffmann war für die jungen Wissenschaftler um Storl damals eine mystische Persönlichkeit. Sie verehrten seine Scharfsinnigkeit, die zur Entdeckung von LSD geführt hatte. Dem Baseler Chemiker war es mitten im Zeitalter des absoluten Materialismus gelungen, im sterilen Labor ein Molekül zu entdecken, das in einer Dosierung von nur wenigen Milligramm die Tore zur spirituellen Welt und zum Erkennen des Geistes in der Natur aufstoßen konnte.

Storl vergleicht diesen Chemiker mit dem König Alberich aus der Sagenwelt, dem Herrscher der Naturgeister und Alben. Die Alben sind Lichtwesen, die als schön, klug und zauberkundig gelten. Sie sind Meister im Umgang mit der Materie. Wie Alberich in der Nibelungensage haben sie guten Kontakt zu den feurigen Energien, die Wandel und Transformationen bewirken können.

Doch Alben gelten als zwiespältig. Einerseits sind sie hilfreich. Sie beschenken die Menschen großzügig. Andererseits können sie auch tückisch sein. Sie führen Wanderer in die Irre und schicken Alpträume, Krankheiten, Wahnsinn oder Schwermut.

Die Zaubersubstanz, die Albert Hofmann entdeckte, ist in der Tat ein Albengeschenk: zwiespältig, es kann Götter offenbaren, aber auch Wahnsinn erzeugen – ein Sorgenkind eben, wie Hofmann es mit Recht bezeichnet hat.

---

[39] Storl 2006, 143

Die lange Reihe großer Wilder

Natürlich ließe sich die Liste bedeutender Wilder lange fortsetzen. Luisa Franca zum Beispiel, die moderne Hexe, gehört ganz sicher hierher, die ihr Leben in Einklang mit der Natur lebt und viel von dem alten Wissen der Frauen in unsere Zeit hineingerettet hat. Auch Pablo Picasso, der große Künstler, wäre zu nennen. Er war ein Wilder, wie er im Buche steht, und voll von unerschöpflicher Kreativität. Oder Tomi Ungerer, der Mann mit der spitzen Feder des Karikaturisten und Satirikers, Jahrgang 1931. Er lebte Jahrzehnte seines Lebens in der Einsamkeit der Natur, als Schafzüchter in Kanada und in Irland, ein Künstler voll unglaublicher Kreativität und Schaffenskraft. Noch als 75-Jähriger steht er jeden Morgen um fünf Uhr auf, um die ruhigen Morgenstunden, in denen kein Telefon klingelt und niemand ihn stört, für seine künstlerische Arbeit zu nutzen. Oder Henry Thoreau ist zu nennen, der Philosoph, der in die kanadischen Wälder ging und der Natur zuhörte wie kein anderer. Mit seinem weltberühmten Buch „Walden" kehrte er in die Zivilisation zurück und weigerte sich, für den Rüstungsmissbrauch des Staates Steuern zu zahlen. Wegen dieser Überzeugung ging er ins Gefängnis. Zu den wilden Männern gehört auch Gandhi, der erfolgreiche indische Rechtsanwalt, der durchs Land zog, die Massen zum gewaltlosen Widerstand aufrief und die britische Kolonialmacht so das Fürchten lehrte. Ihm ist zu verdanken, dass gewaltloser Widerstand inzwischen zu den anerkannten, zumindest geduldeten Bürgerrechten in Demokratien gehört.

Die Liste der großen Wilden ist lang. Wildheit mag unbequem sein. Doch sie bewegt die Dinge auf der Welt, die bewegt werden müssen. Wildheit wirkt gegen Verkrustungen, gegen das Erstarren. Sie hilft in den Geburtswehen beim Entstehen eines neuen Menschenbildes, mit denen der Weg aus der Krise nun einmal verbunden ist. Wildheit bleibt nicht ohne Spur.

Literatur

Auer, Martin / Wolfsgruber, Linda: Von den Wilden Frauen. Ein Sagenbuch, Weitra / Österreich o.J.

Bly, Robert: Eisenhans. Ein Buch über Männer, München 1991

Chotjewitz, Peter, O.: Der Fall Hypatia, Hamburg 2002

Dalichow, Irene: Krafttiere – Boten der Göttin. Mit Krafttieren zu Energie und Heilung, München 1999

Dürckheim, Karlfried Graf: Der Ruf nach dem Meister, in: Görden, Michael (Hg.): Das Buch vom Wilden Mann. Der uralte Mythos neu betrachtet, München 1992, 86–118

Eichelbeck, Reinhard: Großunternehmer als Biobauern, in Bio 6/2006, 10–21

Eldredge, John: Der ungezähmte Mann. Auf dem Weg zu einer neuen Männlichkeit, 6. Auflage, Gießen 2005

Estés: Clarissa Pinkola: Die Wolfsfrau. Die Kraft der weiblichen Urinstinkte, 35. Auflage, München 1993

Görden, Michael (Hg.): Das Buch vom Wilden Mann. Der uralte Mythos neu betrachtet, München 1992

Graichen, Gisela: Das Kultplatzbuch. Ein Führer zu den alten Opferplätzen, Heiligtümern und Kultstätten in Deutschland, München 1991

Habiger-Tuczay, Christa: Wilde Frau, in: Müller-Wunderlich (Hg.), Dämonen, Monster, Fabelwesen, St. Gallen 1999, 603–615

Harnisch, Günter: Das Glück im Sandkorn. Ein neues Lebensgefühl entdecken: Wie Sie auf Überflüssiges verzichten und aus kleinen Dingen große Freude gewinnen, Stuttgart 2000

Harnisch, Günter: Das große Jungbrunnen-Programm. Lebenskraft für hundert Jahre, Bietigheim 2006

Harnisch, Günter: Träume verstehen und selbst gestalten, Stuttgart 1999

Hawken, Paul: Der Zauber von Findhorn. Ein Bericht, München 1980

Hervé, Florence/Nödinger, Ingeborg: Lexikon der Rebellinnen. Von A bis Z, München 1999

Hintz, Ernst Ralf: Der Wilde Mann – ein Mythos vom Andersartigen, in: Müller-Wunderlich (Hg.), Dämonen, Monster, Fabelwesen, St. Gallen 1999, 603–615

Hofmann, Albert: Lob des Schauens, Solothurn 2002

Hofmann, Albert: LSD – mein Sorgenkind, München 2004

Jarosch, Linda/Grün, Anselm: Königin und wilde Frau. Lebe, was du bist! 6. Auflage, Münsterschwarzach 2005

Koch-Weser, Sylvia/von Lüpke, Geseko: Vision Quest. Visionssuche – allein in der Wildnis auf dem Weg zu sich selbst, München 2004

Märchen der Brüder Grimm, München, Zürich 1937

Matlay, Janne Haaland: Blütezeit. Feminismus im Wandel, Augsburg 2001

Moore, Robert/Gillette, David: König, Krieger, Magier, Liebhaber, München 1992

Müller, Ulrich/Wunderlich, Werner (Hg.): Dämonen, Monster, Fabelwesen, St. Gallen 1999

Neumann, Erich: Die große Mutter. Eine Phänomenologie der weiblichen Gestaltungen des Unbewussten, Olten 1974

Oberbeil, Klaus: Freudlosigkeit – die neue Volkskrankheit, Bio 1/2006, 83–90

Riedel, Ingrid: Die weise Frau in Märchen und Mythen, München 1995

Rohr, Richard: Vom wilden Mann zum weisen Mann, München 2006

Rowan, John: Der gehörnte Gott, in: Görden, Michael (Hg.): Das Buch vom Wilden Mann. Der uralte Mythos neu betrachtet, München 1992, 343–354

Schatalova, Galina: Wir fressen uns zu Tode. Das revolutionäre Konzept einer russischen Ärztin für ein langes Leben bei optimaler Gesundheit, 3. Auflage, München 2002

Sheldrake, Rupert: Das Gedächtnis der Natur. Das Geheimnis der Entstehung der Formen in der Natur, Bern, München, Wien 1992

Sheldrake, Rupert: Der siebte Sinn der Tiere. Warum Ihre Katze weiß, wann Sie nach Hause kommen und andere bisher unerklärte Fähigkeiten der Tiere, Bern, München, Wien 1999

Sheldrake, Rupert: Sieben Experimente, die die Welt verändern könnten. Anstiftung zur Revolutionierung des wissenschaftlichen Denkens, 4. Auflage, Bern, München, Wien 1995

Siry, Christian: Traum und Erwachen. Eine Seelenreise auf dem Jakobsweg, Burgrain 2005

Stevens, José und Lena: Zur Quelle der Kraft. Schamanische Techniken für das Leben von Heute, Freiburg i. Br. 1988

Storl, Wolf-Dieter: Heilkräuter und Zauberpflanzen zwischen Haustür und Gartentor, 2. Auflage, Aarau 2002

Storl, Wolf-Dieter: Ich bin ein Teil des Waldes. „Der Schamane aus dem Allgäu“ erzählt sein Leben, Stuttgart 2003

Storl, Wolf-Dieter: Streifzüge am Rande Midgards, Burgrain 2006

von Keller, Adelbert (Hg.): Hans Sachs, Bd. III, Tübingen 1870, 561–564

von Lüpke, Geseko: Politik des Herzens. Nachhaltige Konzepte für das 21. Jahrhundert. Gespräche mit den Weisen unserer Zeit, 2. Auflage, Uhlstädt-Kirchhasel 2003

Werner Rautenberg / Rüdiger Rogoll
Werde, der du werden kannst
Persönlichkeitsentfaltung durch Transaktionsanalyse
Band 5155
Dieses Buch hilft, die eigene Lebensgeschichte zu entziffern und alle Möglichkeiten zur persönlichen Entfaltung zu nutzen.

Luise Reddemann
Eine Reise von 1000 Meilen beginnt mit dem ersten Schritt
Seelische Kräfte entwickeln und fördern
Band 5919
Dieses Buch ist nichts weniger als eine kleine Schule der Lebenskunst, die uns zeigt, wie wir uns aus Blockaden befreien und Leichtigkeit und Gelassenheit zurückgewinnen können.

Klaus Renn
Dein Körper sagt dir, wer du werden kannst
Focusing – Weg der inneren Achtsamkeit
Band 5616
Werden, der ich bin: dazu braucht es eine sichere Beziehung zu sich selbst und eine gute Intuition für das, was ansteht. Anregungen und Übungen für den Dialog mit sich selbst, der weiterbringt.

Rüdiger Rogoll
Nimm dich, wie du bist
Mit sich selber einig werden
Band 5764
Rüdiger Rogoll gibt mit diesem Longseller nicht nur eine praxisorientierte Einführung in die TA, sondern vermittelt auch wertvolle Anregungen und Impulse für alle, die mit sich und anderen ins reine kommen wollen.

Daniela Tausch-Flammer / Lis Bickel
Jeder Tag ist kostbar
Endlichkeit erfahren – intensiver leben
Band 5522
Übungen für eine neue Lebensperspektive.